Time is Money

Tim Schweitzer

Time is Money - Zeitmanagement und Selbstorganisation

Stress reduzieren, Produktivität steigern und schneller Ziele erreichen

+ Praxis Guide für mehr Selbstmanagement im Beruf und Alltag

Von: Tim Schweitzer

Inhaltsverzeichnis

WARUM SELBSTORGANISATION UND
ZEITMANAGEMENT WICHTIG SIND 1

EFFEKTIV ARBEITEN 7

ZEITFRESSER IM ALLTAG ELIMINIEREN 23

SICH SELBST ÜBERWACHEN 39

DIE ROUTINE...49

PRIORITÄTEN SETZEN......................................58

SELBSTMOTIVATION 72

DEN TAG STRUKTURIEREN 80

VERBESSERUNG DER KONZENTRATION 93

REGELN UND METHODEN FÜR DAS ZEITMANAGEMENT
126

ZUSAMMENFASSUNG......................................148

IMPRESSUM 163

Kapitel 1:

Warum Selbstorganisation und Zeitmanagement wichtig sind

Beginnen wir das erste Kapitel dieses Buches nun mit der Frage, wieso man überhaupt Selbstorganisation betreiben sollte und wieso Zeitmanagement für einen so wichtig ist. Jeder Mensch hat in seinem Leben einige Aufgaben, welche erledigt werden müssen. Diese können ganz unterschiedlicher Natur sein. Manche Menschen möchten Karriere machen und setzen dementsprechend viel Zeit und Energie in ihre Arbeit. Andere Menschen wiederum haben eine Familie, um die sie sich kümmern müssen. Beispielsweise müssen sie sich um ihre Kinder kümmern oder auch um andere Angehörige, welche ihre Hilfe brauchen. Hierbei kann es sich dann um Menschen handeln, welche aufgrund einer Krankheit, hohen Alters oder ähnlichen Dingen Hilfe in ihrem Alltag und auch Pflege benötigen. Auch der Haushalt muss gemacht werden, was wieder viel Zeit kostet und einen Menschen in manchen Fällen eventuell auch überfordern kann. Wenn man alle diese Dinge zu erledigen hat, dann bedeutet der Alltag für einen sehr viel Stress. Stress ist eine Art Alarmzustand für unseren Körper. Denn in der Vergangenheit war es für die Menschen tatsächlich so, dass Stress in bedrohlichen Situationen ausgelöst wurde. Beispielsweise dann, wenn Menschen kein Essen mehr zur Verfügung hatten und dementsprechend ihre letzten Kraftreserven brauchten, um noch etwas zu essen zu finden. Oder wenn sie von anderen Menschen oder Tieren angegriffen wurden und alle ihre Kraft brauchten, um sich verteidigen und somit überleben zu können. Dieser Zustand benötigt viel Energie und erschöpft uns Menschen stark. Wenn man nun immer unter Druck steht und immer Stress hat, dann schadet das unserem Körper über kurz oder lang. Bildlich und wörtlich gesprochen kann man sagen, dass der Körper mit der Zeit ausbrennt. Irgendwann hat man keine Kraft und kann nicht mehr viel machen. Dies ist dann der von vielen Menschen zu recht befürchtete Zustand des Burnouts.

Aber vom Stress einmal abgesehen, gibt es natürlich auch noch einen weiteren wichtigen Grund, um sein Zeitmanagement und seine Selbstorganisation zu verbessern. Denn letztendlich handelt es sich bei Menschen wie Ihnen, die sich für dieses Thema interessieren, wohl fast immer um Menschen, welche nicht viel Zeit zur Verfügung haben und in der Zeit die Ihnen zur Verfügung steht, besonders viel machen müssen. Gefühlt ist es für Menschen wie Sie so, dass Sie jeden Tag nur sehr wenig Zeit oder wenigstens nicht gut Zeit zur Verfügung haben. Wenn man das ganze rein objektiv betrachtet, ist dies natürlich Quatsch. Denn jeder Mensch hat am Tag genau vierundzwanzig Stunden zur Verfügung, der Tag ist für jeden Menschen genau gleich lang. Manche Menschen schlafen etwas kürzer und manche etwas länger, damit es ihnen gut geht und sie ihre Leistung bringen können. Hier entstehen dann natürlich schon leichte Unterschiede, was die zur

Verfügung stehende Zeit angeht. Aber letztendlich geht es vielmehr um das, was man alles in die einem selbst zur Verfügung stehende Zeit packen muss. Je mehr man in der einem zur Verfügung stehenden Zeit zu erledigen hat, desto schwieriger hat man es in seinem Leben, und desto wahrscheinlich ist, dass man sehr viel Stress hat und sich überfordert fühlt. Gerade bei Menschen die Karriere machen wollen ist auch die Frage nach den Dingen, welche sie schaffen können und welche einem weiterbringen, sehr wichtig. In Führungspositionen muss man häufig sehr viele Dinge schaffen und nur, wenn einem dies auch gelingt und das auch noch überdurchschnittlich gut, kann man mit einer richtigen Karriere rechnen, welche das Ziel von einem ist. Und um alle Aufgaben gut zu erledigen und diese auch in einer angemessenen Zeit, also der Zeit die einem zur Verfügung steht, muss man effektiv arbeiten.

Je effektiver man arbeitet, desto leichter ist es, gewisse Ziele zu erreichen. Und je besser man seine Zeit plant, desto wahrscheinlicher ist es, dass man für alle wichtigen Dinge ausreichend Zeit findet. Wenn man die Dinge, welche man machen muss, schnell erledigt, hat man auch mehr Zeit für andere Dinge, welche einem wichtig sind. Beispielsweise mache ich sehr gerne Musik und möchte jeden Tag möglichst viel Zeit mit Musik statt mit Arbeit verbringen. Und wenn ich die Dinge, welche ich schaffen muss, sehr schnell erledige, dann habe ich auch mehr Zeit, um Musik zu machen und mich somit mit der Sache zu beschäftigen, welche mich glücklich macht. Natürlich mag ich auch meinen Job gerne und es gibt auch andere Aufgaben, welche mir gut gefallen. Aber dennoch ist es für mich wichtig, genug

Zeit für die Musik zu finden, da mir diese eben noch mehr Spaß und mich noch ein Stück glücklicher macht. Auch die Frage der Gesundheit hängt stark mit der Zeit, die man zur Verfügung hat, und somit mit einem effektiven Management, der einem zur Verfügung stehenden Zeit zusammen. Dies hängt einmal mit dem Stress zusammen, welche einen auf kurze oder lange Zeit krank werden lässt. Die Frage nach der Gesundheit hat aber auch in weiteren Aspekten mit der Zeit zu tun. Beispielsweise ist es wichtig für die eigene Gesundheit, dass man in ausreichender Menge Sport treibt. Denn Sport ist für unseren Körper und seine Gesunderhaltung sehr wichtig. Wenn man nun sehr viel zu tun hat und keine Zeit mehr für den Sport übrig bleibt, dann macht man ganz klar etwas falsch und schadet durch seine zu viele Arbeit bzw. durch das schlechte Management dieser Arbeit und seiner Zeit seiner Gesundheit. Tatsächlich gibt es sehr viele Menschen, welche aufgrund von Zeitmangel auf Sport verzichten.

Gleiches gilt für die Gesundheit im Sinne der Ernährung. Denn wenn man sich nicht gesund ernährt, dann wird es auch nichts mit der Gesundheit. Jeder Mensch braucht verschiedene Nährstoffe, damit der eigene Körper richtig funktioniert und man keine Probleme mit seiner Gesundheit bekommt. Wenn man nun keine Zeit für eine gute Ernährung hat, dann schadet man auf dieser Art seiner Gesundheit. Viele Menschen nehmen zu wenige Nährstoffe zu sich und werden gleichzeitig auch noch zu dick, weil sie sich nur durch schnell im Vorbeigehen gekauftes Fastfood ernähren, statt sich selber Zuhause an den Herd zu stellen und hier ein gesundes Essen zu kochen. Wenn man keine Zeit mehr hat, um sich richtig um seine Ernährung zu kümmern, dann macht man ebenfalls mit einer sehr hohen Wahrscheinlichkeit in seinem Leben etwas falsch. Wenn man es nun mit einem guten Selbst- und Zeitmanagement schafft, seine Zeit richtig einzuteilen und auf diese Art freie Zeit zum Kochen zu finden, dann ist dies gut für die eigene Gesundheit.

Auch für Menschen mit Familie ist das Thema Zeitmanagement sehr wichtig. Denn man möchte natürlich auch die Freizeit haben, um sich um seine Kinder zu kümmern und um Zeit mit seiner Familie zu verbringen. Wenn man nun den ganzen Tag über mit verschiedenen Aufgaben beschäftigt ist, dann funktioniert dies alles andere als gut. Man wird einfach nicht die Zeit haben, um sich mit seiner Familie richtig beschäftigen zu können und auf diese Art und Weise auch unglücklich, da man glaubt, andere Menschen zu vernachlässigen und ihnen auf diese Art zu schaden. Wenn man alles zusammenzählt, dann ist eben dieses nicht-unglücklich bzw. glücklich sein eben das, was man erreichen will und auf das alle anderen Dinge abzielen. Wenn man viel Stress hat geht es einem nicht gut und man ist weder glücklich noch zu frieden. Wenn man sich nicht genug um Dinge die einem wichtig sind kümmern kann, dann ist man unzufrieden. Wenn man in seinem Leben nicht weiterkommt, weil man alle die Dinge, welche man zu tun hat nicht schafft, dann ist man unzufrieden. Letztendlich wird man nicht glücklich, wenn man zu viele Dinge zu tun hat und diese nicht schafft. Man wird auch unglücklich, wenn man sich keine Zeit mehr für sich selbst und für Menschen, die einem wichtig sind, nehmen kann. Letztendlich kann man zusammengefasst sagen, dass es wichtig ist, dass man sich selbst und die einem zur Verfügung stehende Zeit organisiert, weil man nur auf diese Art und Weise wirklich glücklich werden kann. Und dieses glücklich sein ist das Ziel, welches man in irgendeiner Art und Weise immer und in jedem Fall erreichen will.

Verschiedene Dinge führen dazu, dass man mit seiner Zeit auskommt und auf diese Art und Weise glücklich wird. Eine der wichtigsten Möglichkeiten, um mit seiner Zeit gut auszukommen, ist das effektive Arbeiten. Denn nur, wenn man die Zeit, die einem zur Verfügung steht richtig nutzt, schafft man auch die Dinge, welche man jeden Tag schaffen will. Im nächsten und somit zweiten Kapitel dieses Buches wird es deshalb um die Frage gehen, wie man effektiver arbeitet. Hierfür gibt es ganz verschiedene Möglichkeiten, die dem einem Menschen mehr und dem anderen Menschen weniger helfen. Letztendlich sind diese Dinge aber für alle Menschen wichtig und helfen auch allen Menschen in ihrem Leben weiter.

Kapitel 2

Effektiv arbeiten

In der Zeit, die einem für die Arbeit zur Verfügung steht, möchte man möglichst viel schaffen, um mit seiner Arbeit fertig zu werden, und auch um eine Chance auf eine weitere Karriere zu haben. Verschiedene Dinge können einem zu dem Ziel bringen, effektiver zu arbeiten. Gleich zu Anfang dieses Kapitels möchte ich mit Ihnen um das wohl wichtigste Thema für effektiveres Arbeiten reden. Und hierbei handelt es sich um das Handy. Denn viele Menschen haben während ihrer Arbeitszeit die ganze Zeit über ihr Smartphone bzw. Handy bei sich in der Nähe liegen. Dieses Smartphone stellt nun während der Arbeit eine sehr große Ablenkung dar. Wenn man eine Nachricht, bei der es sich in den meisten Fällen um eine private Nachricht handelt, die nichts mit der Arbeit zu tun hat, bekommt, dann wird man auf sein Smartphone schauen und somit für eine gewisse Zeit seine Arbeit unterbrechen und sich mit etwas anderem beschäftigen. Hinzu kommt auch noch, dass man sich in dieser Situation nicht mehr auf seine Arbeit konzentriert, sondern auf eine andere Sache. Man kommt somit aus der Tätigkeit, die man gerade macht, heraus und muss sich erst einmal wieder aufs Neue auf diese Tätigkeit konzentrieren, um sie fortführen zu können. Wenn ich beispielsweise in diesem Moment mit dem Schreiben dieses Buches aufhören würde und mich mit einer Nachricht auf meinem Smartphone stattdessen beschäftigen würde, dann müsste ich erst einmal die letzten Zeilen lesen, um wieder in das Thema zu finden und weiterschreiben zu können. Dies würde natürlich dafür sorgen, dass ich sehr viel Zeit verliere, auch viel mehr Zeit als die, welche ich in die Beschäftigung mit dem Smartphone investiere. Somit ist es eine schlechte Idee, wenn man sich während der Arbeit mit seinem Smartphone beschäftigt.

Ähnliches gilt natürlich auch für das Lernen. Eventuell handelt es sich bei Ihnen ja auch um einen Studenten, welcher seine Zeit zum Lernen ebenfalls effektiv einsetzen muss und vielleicht auch Stress hat, beispielsweise, weil er noch einen Nebenjob hat und sich auch um diesen kümmern muss. Auch dann – eigentlich sogar gerade dann – ist es wichtig, dass Sie sich nicht so viel auf Ihr Smartphone konzentrieren und sich nicht von diesem ablenken lassen. Denn dann sind sie auch aus dem Thema raus und brauchen lange, um sich wieder eindenken und wieder effektiv lernen zu können. Somit sollte man Maßnahmen ergreifen, damit man sich während der Arbeit oder während einer anderen Tätigkeit, auf die man sich konzentrieren muss, nicht durch sein Smartphone ablenken lässt. Die effektivste Methode hierfür ist, dass man das Smartphone einfach in eine Schublade steckt. Seinen Bekannten oder seiner Familie kann man dann sagen, dass, wenn sie einen dringend erreichen wollen, sie einen anrufen sollen. In diesem Fall würde man dann sein Smartphone nicht mehr hören, wenn man Nachrichten, beispielsweise per WhatsApp, bekommt. Da das Schellen bei einem Anruf allerdings laut genug wäre, würde man noch hören, wenn man angerufen wird und dementsprechend wichtige Dinge noch mitbekommen. Wenn man sein Smartphone nicht in der Schublade aufbewahren möchte, dann gibt es auch noch die alternative Möglichkeit, das Handy in einen lautlos oder einen nicht-stören Modus zu versetzen. Denn auch in diesem Fall bekommt man nicht mehr ständig Nachrichten auf sein Gerät und lässt sich somit nicht so oft ablenken. Es hilft übrigens auch nichts, wenn man mitbekommt, dass man etwas bekommen hat, aber sich zwingt die Nachricht nicht zu lesen, um auf diese Art keine Zeit zu verschwenden. Denn wenn man weiß, dass eine Nachricht gekommen ist, wird man automatisch darüber nachdenken, was in dieser Nachricht wohl stehen könnte. Und wenn man dann hierüber nachdenkt, konzentriert man sich nicht mehr richtig auf seine Arbeit und arbeitet nicht mehr so effektiv. Dann ist es häufig sogar besser, einfach auf sein Handy zu schauen, um nicht mehr über das, was gekommen sein könnte, nachzudenken.

Natürlich kann es auch so sein, dass Sie Ihr Handy während der Arbeit benötigen. Dies kann zum Beispiel dann der Fall sein, wenn Sie sich in einer Führungsposition befinden. Denn in diesem Fall wird es wohl sehr viele Menschen geben, welche etwas von Ihnen wollen. Wenn beispielsweise etwas nicht richtig funktioniert, dann wird in den meisten Fällen zuerst der Vorgesetzte angerufen, damit dieser helfen kann. Somit hat man als Führungskraft häufig das Problem, dass man sein Smartphone hören muss, weil man mitbekommen muss, wenn es irgendeine Art von Problem gibt. Außerdem können auf das Smartphone auch andere wichtige Nachrichten kommen, welche man erhalten muss, weil sie für einen selbst wichtige Informationen enthalten. Aus diesem Grund hat man in diesen Fällen keine andere Möglichkeit, als sein Smartphone laut zu lassen. Blöd ist dann nur, wenn auch viele private Nachrichten, welche nichts mit der Arbeit zu tun haben, einem während der Arbeit stören. In diesen Fällen ist es deshalb sinnvoll, wenn man zwei Handys besitzt und klar zwischen dem privaten und dem beruflichen Handy trennt. Das private Handy kann man dann, wie eben schon erwähnt, in der Schublade aufbewahren, damit man nur hört, wenn jemand einen anruft, weil es etwas Wichtiges gibt. Ansonsten nutzt man sein Handy, welches man extra für die Arbeit besitzt. In vielen Fällen wird ein solches Handy bereits vom Arbeitgeber bereitgestellt. Doch auch wenn dies bei Ihnen nicht der Fall ist, stellt dies kein Problem dar. Denn mittlerweile kann man auch für einen sehr günstigen Preis ein vernünftiges Handy bekommen, welches alle wichtigen Funktionen besitzt, welche man so braucht. Dieses Handy wird dann zwar nicht viel Speicher besitzen, auch nicht wirklich schnell sein und auch keine gute Kamera besitzen. Dies kann einem aber egal sein, da man für solche Dinge ja sein privates Handy hat. Das dienstliche Handy muss man nur für wenige Dinge benutzen, bei denen es relativ egal ist, ob es sich um ein gutes oder auch um ein eher schlechtes Handy handelt. Hauptsache, man kann aus beruflichen Zwecken kontaktiert werden, wenn dies notwendig ist.

Es gibt aber auch noch andere Dinge, mit denen man seine Effektivität steigern kann. Zum einen handelt es sich hierbei um die Tatsache, dass man sich nicht auf viele Dinge gleichzeitig, sondern nur auf eine einzige Tatsache konzentrieren muss. Multitasking wird mittlerweile von sehr vielen Menschen betrieben. Man hat während seiner Arbeit so viele Dinge zu tun, dass man anfängt, mehrere Dinge gleichzeitig zu tun, um mit der Arbeit, die man hat, fertig zu werden. Dabei wird man aber wohl kaum weniger Zeit für die einzelnen Tätigkeiten brauchen, was bereits dafür sorgt, dass der Nutzen von Multitasking nicht wirklich zu erkennen ist. Vielmehr wird es so sein, dass man an mehrere Dinge gleichzeitig denkt und somit nicht effektiv an einer einzelnen Sache arbeiten kann. Wir Menschen sind einfach nicht für Multitasking gemacht. So richtig kann sich unser Gehirn immer nur auf eine einzige Sache konzentrieren, und wenn man versucht sich auf mehrere Dinge zur gleichen Zeit zu konzentrieren, dann wird einem dies ganz sicher eher weniger helfen. Besser ist es, wenn man seine einzelnen Aufgaben, eine nach der anderen, abarbeitet. Wenn man sich nur auf eine einzige Sache zu einem bestimmten Zeitpunkt konzentriert, dann kann man sich auf diese Sache wirklich konzentrieren und effektiv an ihr arbeiten.

Während der Arbeit gibt es einige Dinge, welche einen stören können. Aber nur, wenn einem nichts stört und man sich wirklich wohl fühlt, kann man auch effektiv arbeiten. Außerdem lenken einen viele Dinge, die einen stören, auch von der Arbeit ab, sodass man sich nicht mehr richtig auf diese konzentrieren kann. Dies kann beispielsweise dann der Fall sein, wenn die Sonne einem auf das Display scheint. Dies stört einen unter Umständen, sodass man das Fenster besser abdunkelt, um wieder effektiv arbeiten zu können. Auf die Sonne komme ich in diesem Fall übrigens, weil genau dies in diesem Moment gerade geschehen ist. Ich konnte auf dem Display nicht mehr alles erkennen, da die Sonne auf das Display geschienen hat und ich beim Schreiben somit nicht mehr alles erkennen konnte. Nun habe ich die Sonne aber „ausgesperrt" und kann wieder richtig und ohne Probleme arbeiten. In sehr vielen Fällen handelt es sich bei dieser Störung um die schlechte Luft, welche in vielen Büros herrscht. Wenn man lange Zeit nicht lüftet, dann wird die Luft auf kurz über lang schlecht, was durch die Lüftung von elektronischen Geräten, wie dem Computer, auch noch recht schnell geschieht. Schlechte Luft sorgt unter anderem dafür, dass man Kopfschmerzen bekommt. Und wenn man Kopfschmerzen hat, dann kann man sich auch nicht mehr richtig konzentrieren, und auf jeden Fall nicht mehr effektiv arbeiten, wie man dies eigentlich tun sollte. In diesem Fall sollte man also besser sein Fenster öffnen, um wieder frische Luft in den Raum zu lassen. Tückisch ist in diesem Fall übrigens, dass man selber überhaupt nicht so viel davon mitbekommt, dass die Luft immer schlechter wird. Eventuell bemerkt man die Folgen, wenn man Kopfschmerzen bekommt. Ansonsten ist es Ihnen sicherlich auch schon so gegangen, dass Sie aus Ihrem Arbeitsraum rausgegangen und wieder reingekommen sind und dann bemerkt haben, wie schlecht die Luft in dem Raum ist. Auch kommen manchmal andere Menschen in den Raum und sagen einen, dass das Lüften dringend mal nötig wäre. Dementsprechend sollte man selber darauf achten, dass man in einem gewissen Intervall das Fenster kurz für einige Minuten öffnet, um die verbrauchte Luft im

Raum durch frische Luft auszutauschen. Dies kann beispielsweise jede halbe Stunde geschehen. Man kann sich hierfür auch einen Alarm stellen, damit man bemerkt, wenn es wieder so weit ist und man das Fenster öffnen sollte. Auch Lärm ist eine der Dinge, welche einem stark stören können. Natürlich kann man nicht in allen Fällen etwas gegen Lärm machen. Allerdings kann man beispielsweise das Fenster schließen, wenn es draußen sehr laut ist und man somit vom Lärm gestört wird. In manchen Fällen kann man auch die Quelle des Lärms beseitigen, in dem man beispielsweise einen anderen Menschen bittet, etwas leiser zu sein, damit man sich selber wieder richtig konzentrieren kann. Neben den genannten Dingen, die einem während der Arbeit stören können, gibt es natürlich noch eine ganze Reihe von anderen Dingen, die einen behindern können. Beispielsweise könnte es sich hierbei um einen nicht mehr besonders bequemen Stuhl, auf dem man während der Arbeit sitzen muss, handeln. Letztendlich sollte man jegliche Art von Störung beseitigen, damit man wieder effektiv arbeiten kann.

Manche Menschen haben auch gewisse Angewohnheiten, welche das Arbeiten weniger effektiv werden lassen. Eine Angewohnheit, an die ich an dieser Stelle auf jeden Fall erinnern möchte, ist das Musik hören während der Arbeit. Viele Menschen arbeiten und lassen dabei Musik laufen. Tatsächlich ist es aber so, dass man sich, wenn Musik läuft, immer auch ein bisschen auf diese Musik konzentrieren wird und etwas weniger auf die Arbeit. Auch wenn die Musik einem gefühlt nicht sehr viel ausmacht, letztendlich wird man durch sie doch auf jeden Fall weniger effektiv arbeiten, als wenn es sie nicht geben sollte. Dementsprechend ist auch Musik etwas, was man während der Arbeit besser „aussperren" sollte, damit man sich richtig auf seine Aufgaben konzentrieren kann und richtig arbeitet. Auch bestimmte Fähigkeiten können einem helfen, besser zu arbeiten. Ein hierfür sehr oft zu sehendes Beispiel ist das Schreiben auf der Tastatur. Viele Menschen, welche den ganzen oder fast den ganzen Arbeitstag im Büro vor dem Computer verbringen, beherrschen nicht das sogenannte 10-Finger- oder auch Tastschreiben. Und dies ist für mich persönlich vollkommen unverständlich. Denn mit dem Tastschreiben kann man viel schneller auf einer Tastatur schreiben, als man dies tun kann, wenn man die ganze Zeit auf die Tastatur schaut und hier möglicherweise sogar noch nach manchen Buchstaben suchen muss. Auch wenn man weiß, wo sich die Tasten befinden, wird man ohne das Schreiben mit allen Fingern gleichzeitig nicht wirklich effektiv arbeiten. Wenn Sie also tatsächlich in einem Büro an einem Computer arbeiten und das Tastschreiben nicht beherrschen, dann sollten Sie auf jeden Fall daran arbeiten. Es gibt im Internet genug Programme zu kaufen, mit denen man das Tastschreiben erlernen kann. Sicherlich muss man hierfür eine gewisse Zeit investieren. Letztendlich wird man aber viel mehr Zeit einsparen, als man für das Erlernen des Tastschreibens investiert, wenn man dies dann später täglich im Büro anwenden kann. Neben Kursen im Internet, gibt es auch noch die Möglichkeit, das Tastschreiben in einem Kurs zu erlernen. So bieten beispielsweise die deutschen Volkshochschulen in den meisten Fällen Kurse an, in denen Menschen das Tastschreiben erlernen können. Diese sind zumeist auch nicht teuer.

Eventuell kennen Sie sich auch nicht gut genug mit Programmen an Ihrem Computer aus, mit denen Sie arbeiten. So gibt es beispielsweise eine Tastenkombination, welche es Ihnen ermöglicht, einen ganzen Text zu markieren. Dies geht innerhalb von etwa einer Sekunde und Sie müssen nicht mehr aufwändig den ganzen Text von oben nach unten markieren und dann kopieren, was Ihnen sehr viel Zeit kostet. Hierfür gibt es auch noch viele weitere Beispiele. Nicht nur Tastenkombinationen, sondern auch viele Funktionen in den unterschiedlichen Programmen können Ihnen helfen viel Zeit zu sparen. Wenn sie sich mit den Programmen, die Sie während Ihrer Arbeit viel benutzen müssen noch nicht wirklich gut auskennen, dann sollten Sie sich diese noch einmal anschauen, um dann effektiver mit diesen arbeiten zu können. Wenn Sie hierbei etwas nicht wissen, dann können Sie sich hierfür auch Hilfe holen. Viele Betriebe haben Mitarbeiter, welche extra für die IT und somit auch für die Aufgabe, anderen Mitarbeitern solche Programme zu erklären, zuständig sind. Allgemein gilt sowieso, dass Sie sich zum effektiven Arbeiten auch mal Hilfe holen können. Wenn Sie eine Aufgabe nicht wirklich verstehen und glauben oder wissen, dass eine bestimmte Person, die am selben Ort wie Sie arbeitet, diese besser erledigen kann, sollten Sie sich Hilfe von dieser Person holen um, auf diese Art schneller mit Ihren Aufgaben fertig zu werden. An dieser Sache profitieren dann auch alle Menschen die bei Ihnen arbeiten, da Sie diesen dann natürlich im Gegenzug auch helfen sollten, wenn diese bei einer Sache mal Ihre Hilfe brauchen sollten. Hierbei gilt allerdings auch, dass sich alles die Waage halten sollte und Sie sich nicht ausnutzen lassen sollten. Denn leider stimmt das Sprichwort, dass man jemandem den kleinen Finger gibt und dieser sofort die ganze Hand nimmt, in vielen Fällen tatsächlich mit der Wirklichkeit überein. Dies ist zwar schade, lässt sich aber auch nicht wirklich ändern. Und dementsprechend kann man nicht immer nur großzügig sein, sondern sollte auch von anderen Menschen etwas verlangen, damit diese einem helfen. Denn wenn man allen anderen Menschen hilft stehen diese letztendlich gut da. Man selber hat aber viel unnötige Arbeit und schafft eventuell auch seine eigenen Aufgaben nicht mehr, oder macht sie nicht mehr mit der notwendigen Sorgfalt, und somit nicht mehr wirklich gut. Und dies ist dann aus mehreren Sichten heraus kontraproduktiv für die eigene Karriere, weil man letztendlich auch mit anderen Menschen konkurriert, wenn es um eine Beförderung und einen besseren Posten im Unternehmen geht.

Übrigens ist auch wichtig, dass man Sachen, welche man nicht gut kann, lernt oder diese an einen anderen Menschen überträgt bzw. sich Hilfe von anderen Menschen, genauer gesagt von seinen Kollegen, holt. Denn diese kennen sich eventuell besser mit dem Thema, welches zu einer Ihrer Aufgaben gehört, aus und können diese Aufgabe deshalb besser erledigen oder Ihnen bei der Erledigung dieser Aufgabe helfen. Dafür können Sie dann der Person, die Ihnen hilft, anbieten, dass diese sich auch gerne bei Ihnen Hilfen holen kann, wenn sie sich bei einer Sache nicht richtig auskennt, die aber in Ihren Fachbereich fällt. Zuletzt ist dieser Tipp auch sehr wichtig für Menschen, die sich in einer Führungsposition befinden: Wenn Sie bereits etwas auf der Karriereleiter nach oben geklettert sind, dann müssen Sie lernen, gewisse Aufgaben an andere Menschen zu delegieren, und nicht immer alles selber machen. Viele Chefs oder Menschen in Führungspositionen haben das Gefühl, alles selber machen zu müssen, weil sie sonst das Gefühl haben, die Kontrolle zu verlieren oder auch das Gefühl haben, dass die Aufgaben nicht richtig erledigt werden. Aber letztendlich kann man nicht alle Sachen so gut machen wie andere, jeder Mensch hat ein Gebiet, in dem er sich besser auskennt als andere. Das Delegieren von Aufgaben an andere ist für Menschen in Führungspositionen also sehr wichtig. Außerdem ist es besser, wenn man eher weniger wichtige Aufgaben an andere delegiert, statt sie selber zu erledigen, und sich dafür mehr auf die Aufgaben konzentriert, welche wirklich wichtig sind und die man auf jeden Fall selber erledigen sollte. Letztendlich kommt man mit dieser Delegierung von Aufgaben wesentlich weiter und ist erfolgreicher, als wenn man versucht alles selber erledigen zu wollen, auch wenn man dann eventuell viel zu viel Arbeit hat, die man überhaupt nicht mehr selber schaffen kann. Und wenn man wichtige Sachen richtig gut macht, dann hat man auch bessere Chancen auf einen weiteren beruflichen Aufstieg, da man einfach sichtbar einen besseren Job macht.

Auch veraltete Technik ist eine Sache, welche in vielen Unternehmen für große Probleme sorgt. Es gab vor einiger Zeit eine Studie, welche zeigte, dass jeden Tag sehr viel Zeit durch zu alte und dementsprechend auch zu langsame Technik verloren geht. Wenn Sie selber bemerken, dass die Technik in Ihrem Büro nicht mehr richtig arbeitet, sollten Sie auf jeden Fall mal zu einem Vorgesetzten gehen und ihn darauf aufmerksam machen, dass die Technik nicht richtig funktioniert und bei Ihnen dadurch sehr viel Zeit verloren geht. Eventuell gilt dies auch für andere Kollegen, was Sie ebenfalls erwähnen können. Auf diese Art können Sie auch sehr viel Pluspunkte bei Ihren Vorgesetzten sammeln und somit nicht nur leichter mit Ihren Aufgaben fertig werden, wenn die Technik durch neuere ausgetauscht wird, sondern auch schneller Karriere machen, weil sie sich mit Ihrer Eigeninitiative für einen besseren Job empfohlen haben. Eventuell kann das langsame Arbeiten der Technik auch daran liegen, dass der Computer nicht ordentlich gewartet wurde, sich also niemand darum kümmert, dass er richtig funktioniert. In diesem Fall können Sie natürlich selber versuchen, den Computer wieder auf Vordermann zu bringen. Sie können allerdings auch nach der eben bereits genannten Person suchen, welche für die Technik und ihre richtige Funktion zuständig ist und diese bitten, den Computer zu warten. Hierzu könnten beispielsweise Updates gehören, welche nicht gemacht wurden. Wenn der Computer dann wieder besser und schneller läuft, haben Sie die Möglichkeit, wesentlich schneller zu arbeiten. Und das ganz ohne, dass Sie wirklich viel verändert haben. Tatsächlich handelt es sich hierbei wohl um das für Menschen, die auf dem Büro arbeiten, Wichtigste, was sie in ihrem Arbeitsalltag ändern können. Denn Studien, welche sich mit den Folgen von zu alter und zu langsamer Technik beschäftigen, zeigen erschreckende

Ergebnisse, welche sich die meisten wohl eher nicht vorstellen können.

Damit man effektiv arbeiten kann, ist es auch notwendig, dass man nicht zu lange am Stück arbeitet. Gerade Menschen, welche am Computer arbeiten, haben häufig das Problem, das sie sich nach einiger Zeit kaum mehr konzentrieren können. Und in diesen Fällen sind Pausen auf jeden Fall notwendig. Denn sie sorgen dafür, dass man für eine kurze Zeit den Kopf entlüften und danach wieder wesentlich effektiver weiterarbeiten kann, als man gearbeitet hätte, wenn man keine Pause eingelegt wäre. Der Zeitaufwand für die Pause rentiert sich somit auf jeden Fall. Es muss sich auch nicht um eine lange Pause handeln. Die Wortwendung die ich eben benutzt habe, „den Kopf durchlüften", kann man durchaus wörtlich nehmen. Denn am effektivsten erholt man sich, in dem man kurz nach draußen geht und einige Zeit an der frischen Luft verbringt. Während dieser Zeit kann sich das Gehirn dann sehr gut erholen. Leichte Kopfschmerzen verschwinden und man fühlt sich wieder ausgeruht. Bereits fünf Minuten, in denen man nach draußen geht und sich ein wenig bewegt, können helfen hinterher für eine lange Zeit wieder wesentlich effektiver zu arbeiten. Sollte hier der Chef oder ein Vorgesetzter etwas sagen, dann kann man diesem einfach die hier genannten Gründe für die Pause nennen, nämlich das man sich nach der Pause wieder besser auf seine Arbeit konzentrieren kann und wieder effektiver arbeitet. Auch Kopfschmerzen kann man als Grund für die Pause angeben, spätestens diese Begründung sollte jeder verstehen können und kein Problem hiermit haben.

Kommen wir nun zur Zusammenfassung dieses Kapitels: Bevor man mit der Einteilung der Zeit, welche einem zur Verfügung steht, beginnt, kann man erst einmal an der Zeit arbeiten, bzw. an der Effizienz mit der man diese Zeit für sich nutzt. Denn je effizienter man arbeitet, desto besser ist dies für einen selbst und den Erfolg, den man mit seiner Arbeit einfährt. Und so ergeben sich dann all die positiven Folgen, welche ich in diesem Buch bereits genannt hatte. Dass man mit seinen Aufgaben fertig wird, diese ordentlich erledigen kann und auch noch Zeit hat, um sich mit anderen Dingen, als nur mit der Arbeit, zu beschäftigen. Gerade das Thema Konzentration spielt hier eine sehr wichtige Rolle. Man muss sich einfach in der Lage fühlen, sich auf eine Sache zu konzentrieren und effektiv an dieser zu arbeiten. Wenn man durch sein Smartphone abgelenkt ist, dann kann man nicht effektiv arbeiten. Wenn man versucht Multitasking zu betreiben, um sich so auf mehrere Dinge gleichzeitig zu konzentrieren, kann man nicht effektiv arbeiten. Wenn einen während der Arbeit Sachen stören, kann man nicht effektiv arbeiten. Wenn man mit veralteter Technik arbeitet kann man nicht richtig arbeiten. Wenn man sich mit den Programmen am Computer nicht richtig auskennt, und Dinge wie das Tastschreiben nicht beherrscht, kann man nicht effektiv arbeiten. Und wenn man nicht Pausen einbaut, um sich nach diesen wieder besser konzentrieren zu können, dann kann man nicht effektiv arbeiten. Und zuletzt sollte man auch mal das Wissen von Kollegen nutzen, damit diese einem bei einer Sache helfen können und man nicht selber an diesen Dingen arbeiten muss, wenn man sich nicht mit ihnen auskennt und eigentlich Hilfe bräuchte, um mit diesen zu arbeiten. Wenn Sie es schaffen, alle diese Tipps zu befolgen, dann werden Sie sicher mehr Erfolg bei der Arbeit haben und ohne mehr zu arbeiten zu müssen wesentlich mehr schaffen. So fühlen Sie sich dann auch während und nach der Arbeit besser. Nicht nur weil man mehr Erfolg hat, sondern auch deshalb, weil zum effektiven Arbeiten auch gehört, dass man sich während der Arbeit wohl fühlt. So entfernt man störende Faktoren und macht Pausen, um sich wieder konzentrieren zu können und keine Kopfschmerzen oder Ähnliches zu haben.

Ganz zum Ende dieses Kapitels habe ich nun noch einen letzten Tipp zum effektiven Arbeiten für Sie: Trinken Sie keinen Kaffee! Viele Menschen trinken beim Beginn der Arbeit und auch später immer wieder einen Kaffee. Dies tun sie, weil sie durch einen Kaffee wacher werden und diesen brauchen, um morgen auf Touren zu kommen. Tatsächlich ist es so, dass das Koffein im Kaffee für eine gewisse Wachheit sorgt. Tatsächlich ist es aber so, dass die Wirkung des Koffeins bereits nach kurzer Zeit wieder nachlässt. Um genau zu sein kommt es dann zu dem genau gegenteiligen Effekt, man fühlt sich dann nämlich nicht mehr so munter, sondern eher müder. Dementsprechend sorgt Kaffee eigentlich für das Gegenteil von dem, was man durch das Trinken des Kaffees erreichen will. Es macht also überhaupt keinen Sinn, Kaffee zu trinken. Wer trotzdem einen gewissen Kick für den Start in den Tag braucht, der sollte es besser mit grünem Tee probieren. Denn grüner Tee enthält ebenfalls Koffein. Dieses hat aber keine kurze und starke Wirkung, sondern eine schwächere und dafür länger anhaltende Wirkung. Der negative Effekt ist beim grünen Tee dann auch nicht mehr so stark ausgeprägt. Dementsprechend können Sie es als Kaffeetrinker auf jeden Fall auch mal mit grünen Tee statt mit Kaffee versuchen. Doch an dieser Stelle kommen wir nun zum nächsten Kapitel. Im nächsten Kapitel wird es um die Frage gehen, wie wir Zeitfresser im Alltag eliminieren. Denn tatsächlich verbringt man jeden Tag einige Zeit mit Dingen, welche für einen eigentlich überhaupt nicht wichtig sind. Wenn man diese nicht effektiv genutzte Zeit für andere Dinge nutzen kann, dann hat man letztendlich mehr Zeit für andere Dinge, welche einem wichtig sind. Ein eben bereits genanntes Beispiel hierfür wäre die Familie, mit der man dann wieder mehr Zeit verbringen kann.

Kapitel 3

Zeitfresser im Alltag eliminieren

Im Alltag gibt es einige Dinge, welche einem nicht wirklich etwas bringen und für die man trotzdem Zeit verschwendet. Dabei kann man diese Zeit auch für andere Dinge wesentlich effektiver nutzen. Beginnen möchte ich dieses Kapitel mit einer Sache, die mir auch selber früher sehr viel Zeit gekostet hat. Und tatsächlich handelte es sich hierbei auch um eine Sache, deren Veränderung mich eine ganze Menge an Überwindung gekostet hat. Dabei handelt es sich um das noch im Bett liegen bleiben nach dem Aufwachen. Zum einen hatte ich die Angewohnheit, die sogenannte Snooze Funktion zu nutzen. Hierbei handelt es sich um eine Funktion bei Weckern, welche dafür sorgt, dass der Wecker für eine gewisse Zeit nicht mehr schellt, bei mir handelten es sich immer um 15 Minuten. Des Weiteren hatte ich auch noch die Angewohnheit, vor dem Aufstehen noch etwas Zeit an meinem Handy zu verbringen. Die Snooze Funktion an sich ist eine ganz gute Erfindung, da man mit ihr noch etwas länger schlafen kann, aber auch nicht Gefahr läuft, zu verschlafen und so beispielsweise zu spät zur Arbeit zu kommen. Dennoch sollte man sie nicht benutzen. Besser man stellt seinen Wecker etwas später um diese Funktion nicht nutzen zu müssen, weil man sich noch zu müde zum Aufstehen fühlt. Denn wenn man bereits durch seinen Wecker aus dem Schlaf gerissen wurde, wird man auch so schnell nicht mehr effektiv weiterschlafen können, und ganz sicher nicht nach einer so kurzen Zeit wie 15 Minuten. Und eben dies sorgt dafür, dass man sich durch den nun folgenden Schlaf auch nicht mehr wirklich erholen kann. Denn am meisten erholt man sich während des Schlafens in der Tiefschlafphase, welche allerdings erst nach langer Zeit eintritt. Ganz am Anfang der Schlafenszeit ist unser Schlaf noch sehr ineffektiv. Insgesamt sind die 15 zusätzlichen Minuten also Zeitverschwendung. Auch das Schauen auf das Smartphone vor dem Aufstehen kostet einem eine ganze Menge Zeit, welche einem danach fehlt. Wenn man dann keine Freizeit mehr übrig hat, ärgert man sich später. Da nutzt man doch lieber nachher seine Freizeit, als diese bereits ganz früh am morgen zu verbrauchen. So hat man dann auch etwas, was einen während der Arbeit motiviert. Denn wenn einen nach der Arbeit nur Hausarbeit erwartet, freut man sich auch nicht so sehr auf die Zeit nach der Arbeit.

Zusammengefasst sollte man also zusehen, dass man sich nach dem Schellen des Weckers nicht mehr im Bett aufhält, sondern sofort aufsteht. Dies gelingt am besten, indem man einfach seinen Wecker ans andere Ende des Raumes stellt. Dann hat man eigentlich keine andere Möglichkeit mehr als sofort aufzustehen, und zwar genau in dem Moment, in dem der Wecker schellt, ohne jede Zeit zu verlieren. Denn das laute Geräusch des Weckers nervt einen natürlich und sorgt dafür, dass man nicht mehr weiterschlafen kann. Und wenn man dann bereits aufstehen muss, um den Wecker auszustellen, ist man auch bereits aufgestanden und wird sich nicht wieder zurück in sein Bett bewegen. Natürlich fühlt man sich dann im ersten Moment nicht besonders gut. In diesem Fall hilft es dann, eine gewisse Routine abzuspielen, beispielsweise sich zuerst die Zähne zu putzen, sich dann anzuziehen und dann Frühstück zu machen. Eine sehr wichtige Sache hierbei ist, dass man sich das Gesicht mit kaltem Wasser wäscht. Auf diese Art wird man besonders schnell und effektiv munter und kann bereits nach kurzer Zeit richtig arbeiten und sich für den Tag vorbereiten. Bei dieser ganzen Sache sollte man allerdings noch auf eine Sache achten: Wenn man einen eher weniger starken Kreislauf hat, einen niedrigen Blutdruck und auch schnell Probleme mit Schwindel hat, dann wird man Probleme beim schnellen Aufstehen haben. Es kommt dann zu Schwindel, man fühlt sich nicht so wohl und gesund ist dies auch nicht. In solchen Fällen sollte man also besser auf das schnelle Aufstehen nach dem Aufwachen verzichten. Ein Wecker am anderen Ende des Raumes wäre eher kontraproduktiv. Wenn man ein solches Problem mit seinem Kreislauf hat, dann sollte man die Snooze Funktion tatsächlich nutzen. Man nutzt am besten die zehn-Minuten Snooze Variante. Man bleibt nach dem Aufwachen also noch für die Dauer von zehn Minuten im Bett, um danach keine Probleme mehr mit dem Schwindel zu haben. Wenn man einen niedrigen Blutdruck hat und trotzdem sofort aufsteht, tut man auch seiner Gesundheit nicht wirklich etwas Gutes.

Auch in diesem Kapitel werde ich nun zum Thema Smartphone kommen. Es eignet sich eben einfach hervorragend zum Zeitsparen. Denn am Smartphone verbringen wir relativ viel Zeit, welche wir allerdings nur sehr selten für etwas wirklich Wichtiges nutzen.

Ganz im Gegenteil. Die meiste Zeit am Smartphone nutzen wir für die Kommunikation mit anderen Menschen und schauen, was Freunde und Bekannte so alles machen. Natürlich ist ein Smartphone praktisch und man sollte ganz sicher nicht damit aufhören, es zu nutzen, da dies für das soziale Umwelt auch keine guten Folgen hätte. Aber dennoch sollte man sich überlegen, nicht mehr so viel Zeit am Smartphone zu verbringen, wie man dies bisher tut. Es gibt nun verschiedene Tricks, um Zeit am Smartphone zu sparen. Zum einen schaut man zumeist auf das Handy, wenn es gerade vibriert oder einen Ton von sich gibt. Man bemerkt, dass sich etwas tut, will erfahren was los ist, und schaut dann ganz automatisch auf sein Smartphone. Allerdings ist dies keine wirklich gute Sache, denn, wenn wir auf unser Smartphone blicken, bleiben wir auch erst einmal für eine ganze Zeit am Gerät und verbringen unsere Zeit relativ sinnlos. Nun gibt es aber natürlich auch wichtige Nachrichten, welche man von Zeit zu Zeit bekommt, und auf die man auf jeden Fall reagieren muss, und hierfür auch nicht viel Zeit verstreichen lassen sollte. Ein einfacher Trick ist, dass man manche Nachrichten für die Vibration abstellt bzw. für die Benachrichtigung. Eine der beliebtesten sozialen Netzwerke bzw. Messenger Dienste ist ganz klar WhatsApp, vermutlich handelt es sich sogar um den beliebtesten von allen. Nun ist es aber auch so, dass man bei WhatsApp sehr häufig Benachrichtigungen von sogenannten Gruppen bekommt, in denen sich viele Menschen befinden. Dementsprechend erhält man durch diese Gruppen auch sehr häufig Nachrichten, welche überhaupt nicht einen an einen selbst gerichtet sind oder nicht direkt sind.

Wenn jemand dringend mit einem kommunizieren muss, dann wird er auch kaum eine Gruppe benutzen. Deshalb sollte man alle seine Gruppen oder wenigstens die weniger wichtigen Gruppen lautlos stellen, sodass man nicht mehr benachrichtigt wird, wenn hier etwas Neues geschrieben wird. Natürlich kann man trotzdem weiterhin in diese Gruppen schauen, aber diese dann halt ein anderes Mal, wenn man auf sein Smartphone schaut. So spart man sich bereits eine ganze Menge an Zeit und geht automatisch wesentlich weniger an sein Handy.

Des Weiteren können auch manche Apps auf dem Smartphone helfen. Zum einen können diese feststellen, wie oft man auf sein Smartphone schaut und wie viel Zeit man hierdurch verschwendet. Häufig hilft bereits dieser kurze Schock, welcher einem verdeutlicht wie viel Zeit man tatsächlich auf seinem Gerät verbringt, damit man diese Zeit reduziert und nur noch selten auf sein Smartphone schaut. Außerdem kann man auch eine Zeitbegrenzung oder eine wie-oft-darf-ich-auf-mein-Handy-Schauen Begrenzung in der App einstellen, was einem auch dazu bringt, weniger auf sein Smartphone zu schauen. Beziehungsweise zwingt diese Funktion einen eigentlich dazu, weniger Zeit an seinem Smartphone zu verbringen, denn es gibt ja auch manchmal wichtige Nachrichten oder wichtige Dinge, die man an seinem Smartphone erledigen muss, und es wäre schlecht, wenn die Zeit für die Nutzung des Smartphones dann schon abgelaufen wäre. Wir schauen sehr häufig auf unser Smartphone, wenn wir gerade eine Nachricht bekommen haben und dies durch ein Geräusch oder Vibration gemerkt haben. Sehr oft blicken wir allerdings auf unser Handy bzw. Smartphone, weil wir nach der Uhrzeit schauen wollen. Die meisten Menschen haben keine andere Uhr mehr dabei, dies erscheint den meisten Menschen auch wie ein unnötiger Aufwand, wenn sie doch so oder so ihre Uhr in Form des Smartphones immer bei sich tragen. Letztendlich wäre es auch kein Problem, sein Smartphone als Uhr zu nutzen, wenn man auch wirklich nur nach der Uhrzeit schauen und das Handy dann wieder weglegen würde. Tatsächlich ist es aber in den meisten Fällen so, dass man wesentlich mehr Zeit an seinem Smartphone verbringt und hier noch verschiedenen anderen Tätigkeiten nachgeht, welche man nicht geplant hatte. In den meisten Fällen führen einen diese Tätigkeiten dann wieder in die Welt des Internets zu den sozialen Netzwerken. Diese sind für uns natürlich auch immer sehr interessant und voll von eventuell interessanten Informationen und Möglichkeiten. Aus diesem Grund ist es auch nicht sinnvoll, sein Smartphone als Uhr zu benutzen. Die bessere Möglichkeit besteht hier darin, dass man sich wieder eine gute alte Armbanduhr zulegt. Diese ist nicht teuer und, wenn man sich für ein einfaches Modell entscheidet, bereits für wenige Euro zu haben. Dementsprechend sollte sie eigentlich in jedes Budget passen. Und durch sie verbringt man ganz automatisch und mit einem wirklich minimalen Aufwand weniger Zeit an seinem Smartphone und hat wesentlich mehr Zeit für andere Dinge die einem wichtig sind.

Wenn man nur wenig Zeit hat, dann gibt es auch noch eine andere Tätigkeit, mit der man eigentlich sogar Zeit verbringen soll, bei der man aber auch viel Zeit sparen kann. Es mag deshalb erst einmal ziemlich merkwürdig erscheinen, dass diese Sache in diesem Kapitel erwähnt wird. Es handelt sich nämlich um Sport. Viele Menschen mögen jetzt denken, dass Sport ja wichtig für die Gesundheit ist, und dass man sich auch nicht wohl fühlt, wenn man nie Sport treibt. Genau aus diesem Grund sollen Sie auch weiter Sport treiben und ganz sicher nicht auf Sport verzichten, um mehr Zeit für andere Dinge zu haben. Allerdings können Sie die Länge Ihres Trainings verkürzen und dabei dennoch sehr gute Ergebnisse erzielen. Beispielsweise verbringen viele Menschen viel Zeit mit dem Laufen. Sie joggen nicht gerade schnell ihre Runden. Manche Menschen können auch nicht mehr so schnell und nur noch langsam laufen, dann ist das auch vollkommen in Ordnung. Viele Menschen laufen aber auch einfach so langsam. Dabei ist es tatsächlich um einiges effektiver, wenn man kürzer läuft und dafür schneller. Am effektivsten ist ein Intervalllaufen, bei dem man immer wieder für eine gewisse Zeit sprintet und dann wieder langsamer läuft. Hierdurch kann man bereits nach kurzer Zeit, nach wenigen Minuten, das gleiche Ergebnis oder sogar ein noch besseres Resultat erreichen als bei langem Joggen. Auch gehen viele Menschen ins Fitnessstudio. Hier machen Sie dann an Geräten sogenannte Isolationsübungen. Diese sind für Menschen, die nicht gerade stark Muskeln aufbauen sollen, ziemlicher Schwachsinn. Auch ist es nicht sinnvoll, viel Zeit für die Fahrt zum Fitnessstudio zu nutzen. Besser ist es, wenn man Zuhause gewisse Ganzkörperübungen macht. Hier kann man sich, wenn man will, auch Zubehör wie Hanteln zum Trainieren kaufen. Auf diese Art hat man ein wesentlich besseres Ergebnis, als wenn man sich für lange Zeit im Fitnessstudio aufhält. Egal, was man trainiert: Fast immer wird man in einer wesentlich kürzeren Zeit besser oder auf jeden Fall nicht wesentlich schlechter trainieren können. So bleibt man fit, ohne dass man viel Zeit für den Sport opfert, die einem dann an einer anderen Stelle fehlen wird.

In diesem Kapitel möchte ich nicht nur sinnlose Tätigkeiten und Zeitverschwender nennen, sondern auch darauf eingehen, dass sich ungenutzte Situationen auch nutzen lassen. Man verschwendet häufig viel Zeit dadurch, dass man beim Pendeln nichts tut. Man sitzt im Bus, im Auto oder in der Bahn, und tut hierbei nichts, was einen weiterbringt. Man kann im Bus oder im Zug sehr viel machen. Entweder man kümmert sich bereits um seine Arbeit, wenn man allerdings einen festen Job mit einer gewissen Arbeitszeit hat, bringt es einem auch nichts im Bus oder in der Bahn zu arbeiten. Besser ist es, wenn man diese Zeit für Dinge nutzt, wie das Lesen eines Buches. Viele Menschen lesen gerne, finden in ihrem Alltag allerdings nicht wirklich die Zeit um zu lesen. Es gibt sehr viel zu tun, und man will sich nicht die Zeit nehmen, um sich einfach mal für eine halbe Stunde hinzusetzen und zu lesen. Dabei kann man in der Bahn oder im Bus doch hervorragend in einem Buch schmökern und so die Zeit, welche man sonst nicht nutzt, von Gebrauch machen. Man kann aber die Zeit auch sehr gut nutzen, um neue Dinge zu lernen. So kann man beispielsweise während der Fahrt mit dem Lernen einer neuen Fremdsprache beginnen. Dies kann man dann auch getrost mit seinem Smartphone machen, denn hier hat die Benutzung von diesem, anders als in den meisten anderen Situationen, tatsächlich einen Sinn. Es gibt mittlerweile mehrere Apps, welche sich zum Lernen von neuen Sprachen eignen. Diese kosten häufig etwas Geld, sie sind aber auch nicht so teuer, dass man das Geld wirklich vermissen wird. Auf jeden Fall haben sie einen wesentlich höheren nutzen als sie kosten. Fremdsprachen sind in der heutigen Welt nämlich sehr wichtig und können einem auch im Beruf stark weiterhelfen. Denn wenn man sich mit Menschen aus anderen Nationen gut verständigen kann, ist man auch für leitende Positionen in einem Unternehmen sehr gut geeignet. Denn jedes größere Unternehmen wird Kontakte ins Ausland haben für die es wichtig ist, gute Fremdsprachenkenntnisse zu haben. Empfehlenswerte Sprachen sind auf jeden Fall Englisch und Spanisch, aber auch asiatische Sprachen, wie Chinesisch, werden immer wichtiger, auch wenn sie sehr schwer zu erlernen sind. Nun kann es sein, dass Sie mit dem Auto zur Arbeit fahren und sich nun denken, dass diese Informationen Ihnen wohl kaum etwas bringen. Aber tatsächlich können auch Sie diese Möglichkeit nutzen, in dem Sie auf dem Weg des Hörens lernen. Es gibt einige Programme mit denen man beispielsweise durch hören eine neue Fremdsprache lernen kann. Und es gibt auch Hörbücher. So können Sie die Zeit im Auto nutzen. Wichtig ist nur, dass Sie sich hierbei nicht zu sehr ablenken lassen und sich noch immer in erster Linie auf den Straßenverkehr konzentrieren. Wirklich effektiv ist das Lernen während der Fahrt mit dem Auto deshalb nicht – aber auf jeden Fall ist es besser ineffektiv zu lernen als die Zeit einfach ungenutzt zu lassen.

Eine Sache die einem sehr viel Zeit kostet sind Emails. Emails sind häufig lästig, und wenn man sich mal anschaut wie viel Zeit man tatsächlich für Mails verschwendet, wird man in den meisten Fällen ziemlich geschockt sein. Der durchschnittliche Arbeitnehmer bekommt nämlich etwa 20 Mails am Tag. Wenn Sie sich in einer Führungsposition befinden, dann wird es sich wohl noch einmal um wesentlich mehr Mails handeln, welche Sie jeden Tag bekommen. Für das Lesen und beantworten einer Mail brauchen wir im Durchschnitt fünf Minuten. Deshalb verbringt der durchschnittliche Arbeitnehmer mit Mails bereits 100 Minuten am Tag. Bei einer Arbeitszeit von durchschnittlichen acht Stunden, verbraucht man dementsprechend bald ein Viertel seiner Arbeitszeit nur mit dem Beantworten von Mails. Um Mails effektiver bearbeiten zu können, ist in erster Linie wichtig, dass man seine Mails gebündelt beantwortet, und nicht dann, wenn man sie gerade bekommen hat. Sicherlich ist es schön, wenn Mails schnell beantwortet werden. Man sollte sich aber auch im Klaren sein, dass man sich, genauso wie dies bei Nachrichten auf dem Smartphone der Fall ist, jedes Mal von diesen Mails ablenken lässt und sich auf eine andere Sache als seine derzeitige Aufgabe konzentriert. Dementsprechend ist erst einmal wichtig, dass man Benachrichtigungen auf seinem Smartphone und auch auf seinem Computer abschaltet, damit man nicht ständig sieht, dass eine neue Mail angekommen ist und diese einen ablenkt. Man sollte sich ein paar Mal, vielleicht drei oder vier Mal am Tag, Zeit nehmen um mehrere Mails hintereinander beantworten zu können. Hierbei sollte es sich am besten um einen Zeitpunkt handeln, an dem man gerade eine Aufgabe abgeschlossen hat. Denn wenn man sich so oder so erst wieder auf eine neue Sache konzentrieren müsste, macht es auch nicht so viel aus, wenn man sich für kurze Zeit auf seine Mails konzentrieren muss.

Eine eher weniger schöne Tatsache ist, dass man sehr viel Zeit durch Gespräche mit anderen Menschen verliert. Natürlich sind Gespräche sehr wichtig. Zum einen braucht jeder Mensch soziale Interaktion und Kontakte. Allerdings haben auch Sie schon sicher bemerkt, dass es manchmal sehr viel Zeit kostet, wenn man für eine längere Zeit mit einem Menschen redet. Zumeist gibt es auch gewisse Menschen oder Kollegen, welche sehr viel reden, und die sich in einem Gespräch auch nicht wirklich abschütteln lassen, ohne dass man unfreundlich auf sie wirkt. Schließlich möchte man sich bei anderen Menschen ja auch nicht unbeliebt machen oder diese kränken. Dennoch ist es manchmal so, dass man weniger Zeit für die Unterhaltung mit anderen Menschen nutzen sollte. Schließlich sind es auch gerade die Menschen, welche sehr viel reden, die einem meist nur wenig Informationen während des Gesprächs vermitteln und über viele, für einen selbst eher nicht so wichtige Dinge, reden. Die meisten Menschen werden nicht schlecht reagieren, wenn man ihnen sagt, dass man noch sehr viel zu tun hat und es deshalb nötig wäre weiterzuarbeiten und deshalb das Gespräch zu beenden. Dies werden die meisten Menschen verstehen und einen auch in Ruhe lassen. Nur unfreundlich sollte man wie gesagt nach Möglichkeit nicht wirken. Dies wäre bei allen Kollegen, aber gerade bei Vorgesetzten alles andere als gut und würde einem gewisse Möglichkeiten nehmen. Bleiben Sie also immer freundlich, aber sagen Sie auch, dass Sie keine Zeit haben und arbeiten müssen. Letztendlich ist es wichtig, dass Sie sich von Zeit zu

Zeit unterhalten. Aber wenn dies ausartet und viel Zeit kostet, dann ist dies wirklich schlecht. Außerdem ist es zumeist so, dass einem ein kurzes Gespräch kaum Zeit kostet und einem trotzdem viel bringt, im Gegensatz zu sehr langen und besonders ausufernden Gesprächen.

Ebenfalls viel Zeit verliert man dadurch, dass man gewisse Dinge aufschiebt. Natürlich hat jeder Mensch gewisse Sachen, welche er nicht gerne macht. Jeder Mensch hat in seinem Alltag mal eine Aufgabe, die er nicht machen will oder die ihm in irgendeiner Form Angst macht, da sie sehr schwierig ist. Nun ist es aber so, dass einem das Aufschieben dieser Aufgabe sehr viel Zeit kostet. Denn man nutzt sehr viel Zeit damit, über eben diese Sache nachzudenken. Aber dies bringt einem nur sehr begrenzt etwas. Man wird es aber dennoch nicht lassen können, da diese Sache einem einfach so beschäftigt. Deshalb sollte man wichtige Dinge, welche vielleicht auch besonders schwierig sind, niemals aufschieben. Man sollte sie sofort machen, um seinen Kopf frei zu bekommen. Aufschieben hilft einem hier wirklich so gar nicht. Stellen Sie schwierige Aufgaben also gleich an den Anfang Ihres Tages und erledigen Sie diese Dinge sofort. Dies hat auch noch einen weiteren Vorteil: Wenn man mit seiner Arbeit beginnt, dann ist man noch sehr ausgeruht. Später wird man hingegen immer erschöpfter und kann irgendwann nicht mehr effizient arbeiten. Warum sollte man also eine Sache, welche sehr wichtig ist und die man auch unbedingt gut machen will, erst am Ende seiner Arbeitszeit erledigen, wo die Wahrscheinlichkeit für einen Erfolg geringer ist? Früh morgens hat man die besten Chancen um eine wichtige Aufgabe gut erledigen zu können. Um eine

Aufgabe schnell und motiviert anzugehen, ist es auch wichtig, dass man sich klarmacht, wieso man diese Aufgabe machen muss, und wieso man sie am besten sofort erledigen sollte. Denn dann wird man mit ihr eilends anfangen und man wird auch Erfolg dabeihaben, diese Aufgabe zu erledigen.

Eine weitere Sache, die vielen Menschen sehr viel Zeit kostet, sind Meetings. Natürlich sind Meetings auch bedeutsam und besitzen ihre Berechtigung, da sie für die Leistung eines Unternehmens sehr wichtig sind. Ohne Meetings würden die Mitarbeiter eines Unternehmens unkoordiniert arbeiten, und außerdem hätten der Chef und/oder die Vorgesetzten nicht die Informationen über die Arbeit ihrer Angestellten, welche sie nun einmal brauchen, um ihre Arbeit richtig zu machen. Allerdings ist es auch so, dass in vielen Betrieben die Meetings ausufern und viel zu viel Zeit in diese investiert wird, welche man besser anders anlegen sollte. Leider ist es auch so, dass man in der Zeit, die man durch Meetings verschenkt, in den meisten Fällen nicht viel machen kann und die Sache einfach über sich ergehen muss. Aber dennoch ist es gut, wenn man selber auf kürzere Meetings einwirkt, in dem man diese selber nicht in die Länge zieht und auch mal mit anderen Mitarbeitern und vor allem dem Chef oder den Vorgesetzten spricht und sagt, dass die Meetings zu viele sind oder zu viel Zeit kosten und so auf die Effektivität gehen. Hiermit kann man durchaus einen positiven Eindruck machen, da man etwas Gutes für das Unternehmen tut. Aber man muss es auch gut verpacken können, damit sich der Chef nicht kritisiert fühlt, was er wohl eher weniger gut quittieren würde. Des Weiteren geht man letztendlich auch immer das Risiko ein, dass der Vorgesetzte oder der Chef nicht auf einen hört, und einfach noch immer zu häufige und zu lange Meetings durchführt. Aber man hat es dann wenigstens versucht und ein Versuch schadet einem auch nicht, sofern man durch diesen nicht negativ auf sich aufmerksam macht. So sollte man es einfach hinnehmen, wenn der Chef nichts ändern will und nicht auf diesen einreden und auf diese Art ihm auf die Nerven gehen.

Sehr verführerisch bei der Arbeit ist auch das Internet. Viele Menschen verbringen jeden Tag sehr viel Zeit im Internet und verschwenden ihre Zeit auch hierdurch. Allerdings ist dies nicht nur Zuhause der Fall, wobei die Nutzung des Internets bei vielen Menschen auch noch nach der Arbeit weniger schöne Züge annimmt. Auch während der Arbeit beschäftigen sich sehr viele Menschen im Internet, ohne überhaupt irgendetwas in dieser Zeit zu erreichen. Viele Arbeitnehmer halten sich sogar ganze zwei Stunden am Tag im Internet auf, ohne hierbei einen wirklichen Mehrwert zu haben. Wenn Sie auch zu diesen Menschen gehören, dann sollten Sie sich dieses dringend abgewöhnen, und sich nur noch dann ins Internet begeben, wenn Sie dies für Ihre Arbeit auch wirklich tun müssen. Einzig und alleine dann, wenn Sie mit Ihren Aufgaben bereits fertig sind und nichts Neues mehr zu tun haben, können Sie auch mal im Internet surfen. Aber dieses sollte eigentlich so gut wie nie der Fall sein. Natürlich ist es hierbei wichtig, dass Sie sich selber kontrollieren und immer wieder daran denken, dass Sie keine Zeit im Internet verschwenden wollen. Alternativ können Sie aber auch einfach gewisse Seiten im Internet sperren. Beispielsweise die Webseiten, auf denen Sie sich Nachrichten durchlesen oder auch Videos schauen. Somit können Sie dann nicht auf diese Webseiten zugreifen, ohne diese wieder zu entsperren. Unabsichtlich werden Sie auf diese Art dann ganz sicher keine Zeit mehr auf diesen Webseiten verbringen, da Sie hiervon abgehalten werden und ganz konkret den Entschluss fassen müssen, diese Seiten wieder zu entsperren und die Zeit im Internet zu verbringen.

Viele Menschen verbringen viel Zeit damit, dass Sie mit Ihren Kollegen reden. Allerdings gibt es auch noch eine andere Sache bei der Arbeit mit Kollegen, welche Ihnen viel Zeit kosten kann: Und zwar das sogenannte Helfersyndrom. Natürlich ist es nett, wenn Sie einem Kollegen helfen, wenn dieser ein Problem hat und eine bestimmte Sache einfach nicht schafft. Allerdings sorgt dies auch dafür, dass Sie selber weniger Zeit zur Verfügung haben. Auf der anderen Seite wird es aber auch mal Dinge geben, die dieser Kollege besser kann oder bei denen dieser Ihnen helfen kann. Deshalb sollten Sie zum Ausgleich auch auf diesen Kollegen zugehen, wenn Sie selber Hilfe gebrauchen können, damit dieser Ihnen hilft. Sie sollten sich nicht ausnutzen lassen und Aufgaben von anderen Menschen zusätzlich zu Ihren eigenen übernehmen, da Sie dies in keiner Art und Weise weiterbringt, sondern dafür sorgt, dass andere Menschen erfolgreicher sind als Sie und Sie dementsprechend bei Beförderungen gegenüber diesen hintenanstehen. Denn ob Vorgesetzte merken, wenn Sie den anderen helfen, ist sehr ungewiss. In den meisten Fällen wird es wohl eher so sein, dass Sie für Ihre schlechten Leistungen bestraft werden und die, denen

Sie helfen, befördert werden. Ebenfalls viel Zeit wird dadurch verschwendet, dass man immer alles perfekt machen will und es deshalb besser 5x als 1x korrigiert, obwohl man eigentlich sicher weiß, dass eine einzige Korrektur reichen würde oder das Sie sogar ohne jede Korrektur die Aufgabe höchstwahrscheinlich richtig erledigt hätten.

Kapitel 4

Sich selbst überwachen

Dieses Kapitel geht ein wenig in den Bereich der Psyche. Viele Menschen scheuen sich vor diesem Bereich, obwohl er für uns Menschen sehr wichtig ist. Für unsere Leistungsfähigkeit ist dies sogar extrem bedeutsam. Wie Sie vermutlich schon gelesen haben, geht es in diesem Kapitel darum, dass Sie sich selbst überwachen müssen. Diese Erkenntnis stammt bereits aus der weit entfernten Vergangenheit. Bereits Seneca, ein römischer Philosoph, hat sich mit diesem Thema befasst. Im Grunde geht es darum, dass viele Menschen eine Art Lehrmeister brauchen. Dieser Lehrmeister zeigt ihnen nicht nur, wie gewisse Dinge funktionieren. Er ist auch streng und überwacht, dass man das tut, was man machen sollte, um in seinem Leben vorwärts zu kommen oder in einer bestimmten Sache besser zu werden. Natürlich ist ein solcher Lehrmeister etwas sehr wertvolles. Allerdings dauert es beim Nachdenken auch nicht lange, um zu erkennen, dass sich dieses Prinzip nicht übernehmen lässt. Denn man hat im Normalfall keinen Menschen, welcher auf einen selbst aufpasst und darauf achtet, dass man sich richtig verhält. Ein solcher „Lehrmeister" fand sich in der Vergangenheit vielleicht bei den eigenen Eltern. Diese achten zumeist darauf, dass ihre Kinder lernen, damit diese gut in der Schule sind. Häufig ermahnen sie ihre Kinder auch, wenn diese lieber spielen möchten, als für die Schule zu lernen. Kinder, gerade junge Kinder, können sich noch nicht wirklich vorstellen, wieso die Schule eigentlich wichtig ist. Diese ist natürlich für die Zukunft der Kinder bedeutend, damit diese auch eine gute Arbeit bekommen. Aber tatsächlich wird es im Erwachsenenleben wohl sehr selten eine Art Lehrmeister geben, welcher darauf aufpasst, dass man richtig handelt und auch wirklich arbeitet bzw. seinen Zielen nachgeht. Hier ist man selbst dafür zuständig. Und deshalb ist es auch, wie Seneca schon in seinen Büchern niederschrieb, sehr wichtig, dass man sich selbst sein eigener Lehrmeister ist. Dass man selber auf sich selbst aufpasst und sich schlecht fühlt, wenn man nicht richtig handelt. Dies bezieht sich auf viele Dinge wie moralisches Handeln. Aber vor allem auch darum, dass man auf sich selber aufpasst, dass man richtig arbeitet, keine Zeit verschwendet und seine Ziele erreicht. Man baut sich selber also einen gewissen Druck auf, zu tun, was man tun sollte und nicht das, auf das man gerade mehr Lust hat. Dieser Lehrmeister ist beispielsweise dann sehr wichtig, wenn man sportlicher werden will. Dass man keine Lust auf Sport hat wird öfter vorkommen. Dennoch muss man dann mit Hilfe seiner Willensstärke seinen sogenannten inneren Schweinehund überwinden. Nur so kann man in sportlicher Sicht Erfolg haben. Und genau das Gleiche gilt auch für alle anderen Tätigkeiten, also für das gesamte Leben, ob privat oder bei der Arbeit. Nur wenn man auf sich selbst aufpasst und Willensstärke besitzt, kann man auch Erfolg haben.

Sehr wichtig ist in dieser Hinsicht auch, dass man sich nicht nur darauf konzentriert, eine gewisse Zeit zu arbeiten. Man muss sich vor allem darauf konzentrieren, einen bestimmten Erfolg in dieser Zeit zu erreichen. Ein gutes Beispiel hierfür ist das Lernen für die Schule, für die Uni oder im Berufsleben auch für eine Weiterbildung oder ein neues Thema, in dem man sich für seinen Beruf auskennen muss. Man lernt letztendlich sein ganzes Leben und wenn man erfolgreich sein will, sollte man auch ständig versuchen, neue Dinge herauszufinden und sich anzueignen. Genau das tun sie ja auch jetzt gerade, weil sie lernen, wie sie in ihrem Leben erfolgreicher werden können und das durch Zeitmanagement und Selbstorganisation. Beim Lernen tritt die Tatsache, dass man in kurzer Zeit viel erreichen kann oder in langer Zeit wenig, am stärksten auf. Ich kann mich für eine halbe Stunde hinsetzen und in der ganzen Zeit wirklich konzentriert lernen, oder ich kann mich für drei Stunden hinsetzen und in dieser Zeit eher unkonzentriert lernen. Vermutlich werde ich mit der halben Stunde konzentrierten Lernens mehr gelernt haben, als in der langen Zeit in der ich nicht richtig gelernt habe. Und dies stellt ein großes Problem dar. Nur wenn man die ganze Zeit hinweg richtig arbeitet, hat man auch die Möglichkeit erfolgreich zu sein. Viel zu arbeiten bringt überhaupt nichts, man kann auch kurzarbeiten, und in dieser Zeit sehr viel schaffen und so zum gleichen Ergebnis kommen. Deshalb muss man auf sich selbst achten, dass man konzentriert auf ein Ziel hinarbeitet und nicht einfach nur vor sich hinarbeitet. Diese Erfahrung machen sehr viele Menschen, wenn sie unter zeitlichem Druck stehen. Auch diese Erfahrung machen viele Menschen in der Schule oder beim Studium. Lange Zeit hat man an einer Hausarbeit im Studium nicht richtig gearbeitet. Kurz vor Ende fängt man aber damit an, und dann weiß man, dass man an das Ziel auch wirklich gelangen und schnell sein muss, damit man es erreicht. Denn ansonsten hat man selber ein großes Problem.

In einer solchen Situation arbeitet man dann wesentlich effektiver, als wenn man eher angefangen hätte, ohne allerdings den Druck zu verspüren, wirklich fertig zu werden. Allerdings ist diese Methode dennoch nicht gewiss gut. Natürlich hat sie den Vorteil, dass man bei ihr nur sehr wenig Zeit investiert und dennoch ein sehr gutes Ergebnis hat. Letztendlich hat man unter diesem hohen Druck schnell fertig zu werden, aber auch ein großes Problem: Man achtet mehr oder weniger nur noch darauf, schnell fertig zu werden. Die Qualität beachtet man in dieser Situation nicht mehr so stark wie auf das schnelle Ergebnis, bzw. man muss die Qualität quasi zwangsläufig vernachlässigen, um schnell fertig zu werden. Ideal ist dies deshalb nicht. Aber wenn man schon frühzeitig anfängt, dann hat man das Gefühl, noch mehr als genug Zeit zur Verfügung zu haben. Man hat das Gefühl, sich überhaupt keinen Stress machen zu müssen, weil man so oder so ohne Probleme fertig werden wird. Aber dann arbeitet man auch nur sehr langsam und nicht wirklich effektiv, da man sich keinen Druck macht bzw. keinen verspürt. Das Ziel muss also sein, sich selber Ziele zu setzen und so künstlichen Druck aufzubauen. Man sollte das Ziel in mehrere Ziele zerteilen und sich vornehmen, jedes von diesen in einer gewissen Zeit zu erledigen. Wenn man sich selber der eigene Lehrmeister ist, dann wird man auch genug Druck verspüren, um mit diesen Dingen fertig zu werden. Anders als dies eventuell sonst der Fall wäre. Man arbeitet also ordentlich und effektiv und man wird schnell fertig mit seiner Arbeit. Wichtig ist hierbei, dass man sich realistische Ziele setzt, um nicht von sich selbst enttäuscht zu sein und seine Motivation zu verlieren. Und auch, damit man, wie bereits erwähnt, nicht anfängt unordentlich zu arbeiten und die Perfektion der Geschwindigkeit zu opfern.

Alle diese Dinge kann man genau so auch auf sein Berufsleben übersetzen. Wenn man vor einer großen Aufgabe im Berufsleben steht, sollte man diese auch in einzelne Teile unterteilen, und sich für jeden Teil seinen Druck in Form eines festgelegten zeitlichen Ziels aufbauen. Wichtig ist, dass man sich nicht vornimmt, so oder so lange mit einem Thema fertig zu werden oder dass man einfach hinsetzt, um das und das fertig zu bekommen, ohne das man sich hierbei zeitliche Grenzen setzt. Man muss sich klare Ziele und Zeiten setzen, um effektiv zu arbeiten und schnell fertig zu werden. Auf diese Art holt man dann den maximalen Erfolg aus der eigenen Arbeitszeit heraus. Man arbeitet nicht viel, man arbeitet aber effektiv. Kombiniert mit den anderen in diesem Buch bereits genannten Tipps zum effektiven Arbeiten kann man auf diese Art richtig gut werden. Auch hier gilt, dass man sich realistische Ziele setzt, um keine Probleme zu bekommen. Nur wenn die Ziele die man sich setzt realistisch sind, hat man auch die Chance mit der gebührenden Sorgfalt zu arbeiten. Und man deprimiert sich nicht selbst, weil man seine Ziele einfach nicht erreicht. Zuletzt möchte ich noch eine Sache erwähnen, welche vielleicht falsch verstanden wurde. Hierbei geht es um das Thema Perfektion. Ich hatte eben erwähnt, dass man nicht richtig und perfekt arbeitet, wenn man sich nicht haltbare zeitliche Ziele setzt oder tatsächlich nur sehr wenig Zeit für eine Sache zur Verfügung hat, beispielsweise, weil man mit einer Hausarbeit für das Studium viel zu spät begonnen hat. Dies ist natürlich auch richtig, denn, wenn man eine Sache nicht gut genug macht, dann hat man natürlich auch keinen Erfolg. Viel zu schaffen bringt wenig wenn alles was man schafft nicht wirklich gut, sondern schlecht ist.

Dennoch gibt es das sehr große Problem, dass viele Menschen immer alles perfekt machen wollen. Diese und jene Sache bei der Arbeit muss wirklich perfekt gelungen sein, damit man beruflichen Erfolg hat, man mit sich selbst zufrieden ist und der Chef ebenfalls mit einem zufrieden ist. Nun ist es aber so, dass Perfektion wahnsinnig viel Zeit kostet. Deshalb ist Perfektion auch sehr ineffektiv und alles andere als gut. Denn wenn man etwas perfekt machen will und so gut wie irgendwie möglich, dann muss man eine extrem lange Zeit investieren. Beispielsweise, weil man dieses und jenes lieber dreimal kontrolliert, um sich auch wirklich sicher zu sein, dass es richtig gut oder sogar perfekt gelungen ist. Das ist natürlich ein übertriebenes Extrembeispiel. Dennoch ist es einfach so, dass Perfektion viel zu viel Zeit kostet und deshalb alles andere als effektiv ist. Man kann eine Sache stattdessen auch bereits sehr gut machen, ohne noch nach den kleinsten Fehlern zu suchen. Wenn man eine Sache bereits sehr gut macht, dann macht man sie auch gut genug, um mit dem

Ergebnis sich selbst und alle anderen Menschen zufrieden zu stellen. Man investiert allerdings wesentlich weniger Zeit in diese Sache, als wenn man sie perfekt machen würde. Letztendlich stimmt bei der Perfektion das Verhältnis zwischen Aufwand und Ergebnis so gar nicht. Man hat vielleicht das perfekte Ergebnis – dafür ist der Aufwand aber extrem groß, was für ein dementsprechend schlechtes Verhältnis zwischen Aufwand und Ergebnis sorgt. Wenn man weniger Zeit investiert, hat man dennoch ein sehr gutes Ergebnis und das mit sehr viel weniger zeitlichem Aufwand. Also achte nicht immer auf Perfektion, sondern mache deine Sache einfach nur gut und bleibe auf diese Art, auch was die Zeit angeht, im Rahmen.

Wenn es darum geht, sich selbst sein eigener Meister zu sein, dann gibt es noch eine weitere sehr wichtige Sache: Routinen. Wenn man sich etwas Neues angewöhnt, dann fällt einem dies erst einmal sehr schwer, da man sich an diese neue Sache noch nicht gewöhnt hat. Ein sehr gutes Beispiel hierfür habe ich in diesem Buch bereits genannt. Hierbei handelte es sich um die Tatsache, dass ich die Angewohnheit hatte, nachdem der Wecker ging, noch sehr lange Zeit im Bett zu verbringen und nicht sofort aufzustehen. Diese Angewohnheit habe ich dann auf eine recht radikale Art und Weise geändert. Und zwar, in dem ich meinen Wecker an das andere Ende des Raums gelegt habe und mich auf diese Art dazu gezwungen habe, schnell aufzustehen, wenn der Wecker sich gemeldet hat. Dies war für mich am Anfang natürlich sehr ungewohnt und auch alles andere als angenehm. Das wird es auch für Sie nicht sein, wenn Sie diesen Tipp befolgen sollten, weil Sie ebenfalls zu viel Zeit nach dem Klingeln des Weckers im Bett verbringen. Aber mit der Zeit wird es für Sie nicht mehr schlimm sein schnell aufzustehen. Genau das Gleiche wird wohl dann gelten, wenn Sie anfangen, sich selbst konkrete Ziele zu setzen und auf diese Art und Weise einen starken Druck aufzubauen. Anfangs wird dies natürlich nicht gerade angenehm sein und nun wirklich keinen Spaß machen. Mit der Zeit wird jenes allerdings wesentlich leichter und Sie werden keine Probleme mehr damit haben, direkt aufzustehen. Denn vorher war es etwas Besonderes und auch Anstrengendes, wenn man direkt aufgestanden ist. Wenn man sich allerdings erst einmal an das schnelle Aufstehen gewöhnt hat, dann wird man keine Probleme mehr mit dem schnellen Aufstehen haben und einfach aufstehen. Dies gilt auch für viele andere Dinge. Beispielsweise wird es anfangs sehr ungewohnt sein, unter zeitlichem Druck, den man sich selbst gesetzt hat, zu arbeiten. Mit der Zeit wird man sich allerdings hieran gewöhnen und kein Problem mehr haben. Angewohnheiten können letztendlich der größte Feind sein, genauso wie der beste Freund: Manche Angewohnheiten sind gesund oder sorgen dafür, dass einem Dinge leichtfallen. Wenn man allerdings schlechte Angewohnheiten hat, dann wird man auch diese nur sehr schwer wieder los. Ein Beispiel hierfür ist das Rauchen, oder in meinem Fall, dass viele Essen am Abend. Aber gute Angewohnheiten können einen das Leben sehr leicht und angenehm machen.

Vor einer Sache muss ich bei all dieser Perfektion allerdings noch warnen: Machen Sie sich nicht zu viel Stress! Wenn Sie Ihre zeitlichen Ziele bei der Arbeit zu knapp setzen, sich also nicht genügend Zeit für eine Sache nehmen, dann werden Sie mit dieser Sache überfordert sein und sich selber stressen, um sie doch noch zu schaffen. Ein wenig Druck ist gut, wenn man sich allerdings zu viel von diesem aufbaut, dann reagiert der Körper mit Stress, welcher jetzt und auch in Zukunft immer etwas Schlechtes sein wird. Übertreiben Sie es also nicht mit dem Setzen von Zielen und nehmen Sie sich ausreichend Zeit, um Ihre Ziele auch erreichen zu können. Hierbei gilt auch, dass Sie Störungen einplanen. Es kann immer mal zu einem Ereignis kommen, welches in dieser Art nicht vorherzusehen war und für Sie irgendeine Art von Problem bereitet. Wenn Sie sich nun sehr wenig Zeit genommen haben und mit einer Sache unbedingt schnell fertig werden wollen oder auch müssen, haben sie bei Problemen gleich sehr viel Stress und keine Chance die eigenen Erwartungen doch noch zu erfüllen. Deshalb sollten Sie auch einplanen, dass es immer wieder zu Verzögerungen kommen kann, und sich dadurch eine Aufgabe auch mal nicht ganz so schnell, wie dies geplant war, erledigen lassen wird. Wenn Sie Ihren Zeitplan zu eng strukturieren, wird dies auch ganz sicher eine ganze Menge an Stress verursachen. Und diesen versucht man durch eine bessere Zeitplanung und effektiveres Arbeiten gerade zu verhindern, da er auf die Dauer schädlich ist. Auch sollte man sich während der Arbeit Zeit für kurze Pausen nehmen. Für wichtige Termine, bei denen man pünktlich sein muss, sollte man sich so oder so mehr Zeit nehmen. Denn wie schon gesagt: Es kann immer mal etwas dazwischenkommen, was man so nicht erwartet hat oder auch nicht hätte erwarten können.

Tim Schweitzer

Kapitel 5

Die Routine

Nachdem wir uns nun mit dem Thema Selbstüberwachung beschäftigt haben, soll es in diesem Kapitel im gewissen Sinne weiterhin um dieses Thema gehen. Denn wie Sie vermutlich bereits wissen, ist das mit der Selbstkontrolle nicht immer so leicht. Jeder Mensch hat den sogenannten „inneren Schweinehund". Am stärksten kommt er dann zum Vorschein, wenn man Sport macht oder machen will, dies ist bei den meisten Menschen der Fall. Sport ist für uns natürlich anstrengend, und deshalb haben wir erst einmal keine Lust auf diesen. Da hilft es dann auch nichts, wenn wir wissen, dass wir eigentlich Sport machen sollten und dass dieser uns guttut. Am sinnvollsten ist in einer solchen Situation, sich selber zu motivieren, in dem man über die Vorteile nachdenkt, welche sich einem bieten, wenn man Sport macht. Dennoch ist der Kampf gegen den inneren Schweinehund schwierig. Genauso ist es bei Menschen, welche das Ziel haben, an Gewicht zu verlieren. Egal, ob aus optischen Gründen oder auch aus Gründen der Gesundheit.

Bei all diesen Dingen ist es tatsächlich nicht so, dass wir eine angeborene Schwäche für sie haben. Es hat sich für uns einfach mit der Zeit zu einer Gewohnheit entwickelt keinen Sport zu treiben. Und Umstellungen fallen uns Menschen immer erst einmal schwer, und wir müssen uns erst an sie gewöhnen. Gerade an dieser Sache scheitern auch sehr viele Menschen. Für einige Zeit strengen sie sich stark an, um eine Veränderung herbeizurufen. Wenn sie den nötigen Willen hierfür aufbringen können, dann schaffen sie dies auch. Das beste Beispiel hierfür sind Menschen, welche abnehmen möchten oder dies auch erreichen. Viele Menschen nehmen in kurzer Zeit viel an Gewicht ab. Gerade die meisten Diäten konzentrieren sich vor allem auf ein Ziel: Ein möglichst hoher Gewichtsverlust in einer möglichst kurzen Zeit. Nicht nur, dass eine solche Diät sehr anstrengend ist, nicht wirklich angenehm, und man für sie eine sehr große Menge an Willenskraft aufbringen muss: Sie sind auch alles andere als gesund, denn, wenn man ein hohes Gewicht hat und abnehmen will, muss dies langsam erfolgen. Eine solche Diät hat letztendlich auch keinen Erfolg. Denn auch wenn Menschen über eine kurze Zeit sehr viel an Gewicht verlieren können, so können sie auch sehr schnell wieder an Gewicht zunehmen. Der bekannte Jojo-Effekt. Nach dem Abnehmen folgt ein schneller Gewichtsverlust, der die Person wieder auf das alte Gewichtslevel, in vielen Fällen sogar auf ein noch höheres Level führt. Der Hauptgrund hierfür ist, dass diese Personen nach der Diät nicht einfach so weitermachen können, wie nach der Diät: Denn dann würden sie auf die Dauer viel zu wenig wiegen. Eine Normalisierung muss stattfinden, welche allerdings nicht wieder zum alten Gewicht führen darf.

Wesentlich besser ist ein langfristiges Abnehmen, welches mit weniger Anstrengungen verbunden und gesünder ist. Auch verspricht eine solche, auf eine lange

Sicht angelegte Diät, ein viel besseres Ergebnis. Denn man kann nach der Diät wieder so weitermachen, wie man dies während der Diät getan hat und hat so ein wesentlich geringeres Risiko, um wieder zum alten Gewicht zu gelangen. Dies fällt den meisten Menschen auch gar nicht so schwer. Denn sie haben sich in der Zeit der Diät eine neue Gewohnheit angeeignet, nämlich die Angewohnheit, weniger und in den meisten Fällen auch wesentlich gesünder zu essen, als dies vor der Diät der Fall war. Bei der Diät mit schnellem Abnehmen war dies nicht der Fall, da sie hier zwar neue Gewohnheiten entwickelt haben, diese aber nicht dauerhaft beibehalten können. Durch die neue Gewohnheit fällt es diesen Menschen nun relativ leicht, ihr altes Gewicht zu halten. Doch wieso haben diese Menschen überhaupt zugenommen? Dies liegt an Gewohnheiten. Beispielsweise gibt es Menschen, welche sich irgendwann angewöhnen, eine Kaffeepause am Nachmittag zu machen und hier Plätzchen und Kuchen verzehren. Auf diese Art nehmen sie automatisch mehr Kalorien zu sich als vorher. Jeder Mensch, Menschen mit einer Krankheit, welche zur Gewichtszunahme geführt hat ausgenommen, der ein Problem mit einem zu hohen Gewicht hat, wird sich irgendwann einmal angewöhnt haben zu viel Nahrung zu sich zu nehmen, was automatisch zu einer Gewichtszunahme führt. Nur wenn man diese Angewohnheit brechen kann, geht es einem hinterher wieder besser. Man muss die alte Angewohnheit allerdings in den meisten Fällen auch durch eine neue Angewohnheit ersetzen, wie im Falle des Abnehmens durch die Angewohnheit weniger zu essen und auch gesündere Lebensmittel zu sich zu nehmen.

Genauso sieht es auch beim Sport aus. Wenn man normalerweise keinen Sport treibt, nun aber damit anfängt, handelt es sich um eine Umstellung der Gewohnheit. Und diese fällt einem erst einmal schwer, gerade wenn sie mit etwas Unangenehmen verbunden ist, wie im Falle des Abnehmens und auch des Sports. Wenn man eine schlechte Gewohnheit durch eine andere, gute Gewohnheit, ersetzt, dann hat man hierdurch aber ganz klar einen Vorteil. In diesem Sinne kann man ganz klar sagen, dass Angewohnheiten weder etwas Schlechtes noch etwas Gutes sind. Denn man kann sich Dinge angewöhnen, welche einem im Leben nicht weiterhelfen, und ganz im Gegenteil sogar für die Entwicklung von Problemen sorgen, man kann sich aber auch positive Dinge angewöhnen. Neue Angewohnheiten zu entwickeln ist erst einmal schwer, wenn man sich diese neuen Dinge dann angewöhnt hat, geht es einem aber wesentlich besser als vorher. Beispiele hierfür haben sich auch schon in mehreren Fällen in diesem Buch gefunden. Beispielsweise hatte ich erwähnt, dass man sich beim Arbeiten selber Druck machen sollte und auf das Erreichen von Zielen innerhalb einer gewissen Zeit hinarbeiten soll. Dies wird einem anfangs alles andere als leichtfallen, da man es einfach nicht gewohnt ist. Dennoch handelt es sich um eine positive Angewohnheit, welche einem mit der Zeit einiges bringen wird. Denn diese neue Angewohnheit wird dafür sorgen, dass man in einer gewissen Zeit mehr Ergebnis bringt. Und wenn man sich nach einiger Zeit erst einmal an diese neue Art zu arbeiten gewöhnt hat, dann hat man auch keine Probleme mehr mit ihr und wird sogar ganz automatisch diesen Druck beim Arbeiten aufbauen. Man muss sich gar nicht mehr selbst hierzu motivieren.

Ein anderes Beispiel hierfür hatte ich ebenfalls schon an einer anderen Stelle in diesem Buch gegeben, da es auch genau auf mich zutrifft und mir selber in der Vergangenheit eine Reihe von Problemen beschert hat. Denn früher bin ich nach dem Klingeln des Weckers immer noch einige Zeit lang im Bett geblieben, um noch etwas weiter zu dösen bzw. zu schlafen oder auch an mein Handy zu gehen. Diese Angewohnheit habe ich relativ radikal verändert, in dem ich meinen Wecker an das andere Ende des Raumes gelegt habe und auf diese Art gar nicht anders konnte als sofort nach dem Klingeln des Weckers aufzustehen. Natürlich ist mir dies erst einmal alles andere als leichtgefallen und es war recht unangenehm so schnell aufstehen zu müssen. Auch war ich dann direkt nach dem Aufstehen noch nicht wirklich leistungsfähig und konnte direkt nach dem Aufstehen nicht so viel machen, wie ich eigentlich hätte machen wollen. Aber es hat auch nicht wirklich lange gedauert, bis ich mich an dieses sofortige Aufstehen gewöhnt hatte, es für mich völlig normal war und ich keine Probleme mehr damit hatte, direkt nach dem Klingeln des Weckers aufzustehen. Nach einiger Zeit war die radikale Maßnahme, mein Handy an das andere Ende des Raumes zu legen und hier als Wecker zu benutzen, auch überhaupt nicht mehr nötig. Denn nach einiger Zeit hatte ich mich so daran gewöhnt, sofort aufzustehen, dass ich gar nicht mehr im Bett liegen bleiben wollte. Aber es war natürlich auch anstrengend und nicht unbedingt leicht, im ersten Schritt aus dem Bett zu kommen und aufzustehen. Genauso ist es auch mit allen anderen Gewohnheiten.

Dies ist auch ein Grund, wieso Sie nicht versuchen sollten, sofort alle Ihre negativen Angewohnheiten, welche vielleicht auch zu einer schlechten und nicht effektiven Nutzung der Ihnen zur Verfügung stehenden Zeit führten, sofort zu ändern. Neue Angewohnheiten sind erst einmal anstrengend, wenn man sie aber erst einmal hat, dann sind sie kein Problem mehr und geschehen im Unterbewusstsein. Wenn man sich allerdings mit zu vielen neuen Angewohnheiten überfordert, dann wird man dies nur sehr schwer zu richtigen Angewohnheiten machen können, und man wird auch Probleme haben, sich an alle Gewohnheiten zu erinnern. Man wird schnell vergessen, dass diese oder diese Sache anders werden möchte, sodass sich Angewohnheiten erst gar nicht entwickeln können. Alle diese Dinge können passieren. Somit ist es am besten, wenn man nacheinander immer neue positive Angewohnheiten in sein Leben bringt. Viele neue Angewohnheiten gleichzeitig sind schlecht, wenn man es schafft nacheinander kontinuierlich neue Angewohnheiten zu bekommen, dann ist dies wesentlich besser, sinnvoller und vermutlich auch von einem höheren Erfolg gekrönt. Aber letztendlich muss man sich auf jeden Fall anstrengen und überwinden, um neue Angewohnheiten zu bekommen. Und hier kommt das letzte Kapitel, also die Kontrolle von einem selbst durch einen selbst, zum Tragen. Man muss selber auf sich Acht geben, dass man neue Dinge auch kontinuierlich macht, auch wenn sie nicht wirklich angenehm sind. Man muss also seinen inneren Schweinehund überwinden, um an sein Ziel zu gelangen und benötigt hierfür einen starken Geist bzw. man muss sich selber gut kontrollieren und überwachen können. Auf der anderen Seite sind positive Angewohnheiten aber auch etwas Tolles, welche einem wesentlich weiterbringen und einem das Leben erleichtern. Denn ohne dass man sich wirklich anstrengen muss, macht man bei vielen positiven Angewohnheiten alles besser.

Zuletzt habe ich noch ein Beispiel für mich selbst: Früher war es in meinem Zuhause häufig nicht aufgeräumt. Denn ich habe des Öfteren Sachen, welche ich benutzt habe, einfach liegen gelassen und sie nicht weggeräumt. Auf diese Art war es bei mir Zuhause natürlich auch nie sonderlich ordentlich. Ich habe mir dann angewöhnt, direkt nach dem Aufstehen kurz aufzuräumen. Bereits nach wenigen Minuten war alles vom Vortag weggeräumt und ich hatte keine Probleme mehr durch zu wenig Ordnung. Auch dies musste ich mir erst einmal angewöhnen, heute mache ich es aber ganz automatisch. Diese Zeit zum Aufräumen, und auch viel mehr Zeit beispielsweise für ein gesünderes Frühstück als zuvor, habe ich dadurch bekommen, dass ich direkt nach dem Klingeln des Weckers aufgestanden bin. Wer übrigens jetzt denkt, dass er auch einfach weniger schlafen kann: Schlaf ist sehr wichtig, damit wir richtig denken und effektiv arbeiten können. Jeder Mensch braucht unterschiedlich viel Schlaf, klar ist aber, dass man beim Schlaf immer an der falschen Stelle spart. Denn wenn man am Schlaf spart, dann ist man den Tag hinweg viel ineffektiver und wird für alles länger Zeit brauchen, sodass man am Ende mehr Zeit verliert als man durch das weniger Schlafen gewonnen hat. Von den Schäden für die Gesundheit, die durch zu wenig Schlaf entstehen, brauche ich an dieser Stelle gar nicht einzugehen.

Um dieses Kapitel noch einmal zusammenzufassen: Angewohnheiten können für uns Menschen entweder gut oder schlecht sein. Es gibt schlechte Angewohnheiten, welche beispielsweise zu einem Übergewicht führen oder auch dazu, dass man mangels Sport alles andere als fit ist. Beides ist schlecht für die Gesundheit. Es gibt aber auch gute Angewohnheiten, welche dazu führen, dass man schneller und effektiver arbeiten kann, wie bei dem genannten Beispiel des sich selber Ziele Setzens. Alle diese Angewohnheiten erfordern ein gewisses Maß an Selbstkontrolle und Willensstärke, damit man sie überhaupt erlernen kann. Aber wenn man dies geschafft hat, dann bringen einem diese Gewohnheiten sehr viel. Denn man kann mit ihnen das eigene Leben verbessern, ohne dass man sich hierfür allzu sehr anstrengen muss. Diese Verbesserungen gelten für viele Bereiche und ganz sicher auch für den Bereich Zeitmanagement. Denn wenn man mehr Zeit zur Verfügung hat, in dem man Angewohnheiten wie das langsame Aufstehen eliminiert und effektiver arbeitet, in dem man sich immer Ziele setzt beim Arbeiten, dann sorgt dies auf jeden Fall dafür, dass man letztendlich mehr Zeit zur Verfügung hat und in seinem Leben durch besseres Zeitmanagement insgesamt weiterkommt.

Im nächsten Kapitel soll es nun um das Setzen von Prioritäten gehen. Denn viele Menschen arbeiten falsch und kommen auf diese Art nur langsam an ihr Ziel. Und das Setzen der richtigen Prioritäten ist ein sehr wichtiger Schritt auf dem Weg zu einem größeren Erfolg bei der Arbeit und auch im privaten Leben.

Kapitel 6

Prioritäten setzen

In diesem Kapitel möchte ich mich nun verstärkt mit dem Thema Selbstorganisation auseinandersetzen. Viele Menschen sind in ihrem Leben relativ planlos. Auf das genaue Planen des Tages werde ich in einem weiteren Kapitel dieses Buches noch eingehen. Aber nun wird es erst einmal um Prioritäten gehen. Viele Menschen setzen in ihrem Leben nämlich die falschen Prioritäten, das gilt für das private Leben und auch für die Arbeit erst einmal im gleichen Maße. Aber Prioritäten zu setzen, das ist vor allem dann wichtig, wenn man bei seiner Arbeit erfolgreich sein will. Eng verknüpft ist dieses Thema auch mit der Perfektion, die ich vor diesem Kapitel bereits einmal angesprochen hatte.

Beim Setzen von Prioritäten ist im ersten Schritt am wichtigsten, dass man schaut, welche Aufgaben einen alle auf der Arbeit erwarten. Manche dieser Arbeiten fallen aus dem Prinzip der Prioritäten erst einmal heraus. Denn manche Dinge sollte man sofort am Anfang eines Arbeitstages erledigen und kann sie nicht oder nur schlecht auf einen anderen Zeitpunkt verschieben. Ich zähle hierzu vor allem das Lesen von Mails bzw. von neuen Nachrichten, egal welcher Art. Das Thema Mails habe ich in diesem Buch bereits angesprochen und zwar in der Hinsicht, dass sie sehr viel Arbeit kosten und man sich auch nicht ständig durch das möglichst schnelle

Beantworten von Mails von seiner eigentlichen Aufgabe ablenken sollte. Aber zugleich ist es auch so, dass man Mails am Anfang des Tages lesen muss. Denn in diesen finden sich häufig Informationen, welche für die weitere Arbeit wichtig sind. Wenn man in diesen eine neue Information zu einer der Aufgaben, die man über den Tag verteilt hat, bekommt, dann wäre es schlecht, wenn man diese nicht hätte und einfach mit der Aufgabe anfängt. Denn dann wird man sie mit hoher Wahrscheinlichkeit falsch machen. Informationen sind sehr wichtig und sie gelangen häufig in Form von Mails zu einem. Außerdem stapeln sich meistens auch am Morgen schon einige Mails im Postfach, sodass es sich auch um einen Zeitpunkt handelt, an dem es sich lohnt die Mails zu beantworten. Schließlich gehört das gesammelte Lesen und Beantworten von Mails zu den Dingen, welche ich bereits als sehr wichtig für das Sparen von Zeit im Arbeitsalltag genannt habe. Außerdem findet man hier auch Dinge, welche man am besten sofort erledigen sollte. Deshalb findet sich ebenda auch schon der erste Tipp: Es gibt häufig Dinge, welche keinen Aufschub vertragen können und sehr bedeutsam sind. Eigentlich versteht es sich von selbst, dass man diese sofort erledigen und sie nicht aufschieben sollte. Manchmal handelt es sich hierbei aber auch um unangenehme Dinge, welche man ganz gerne mal aufschiebt. Aber wichtige Dinge sofort zu erledigen, ist wichtig für die Konzentration über den Tag und auch für den persönlichen Erfolg. Wenn man auf bedeutende Dinge schnell reagiert, ist dies auch für andere Menschen sehr positiv.

Ganz allgemein ist es so, dass man Sachen, welche man erledigen muss und an die man sich erinnern müsste, am besten sofort erledigt. Denn ansonsten geht man die Gefahr ein, dass man diese Dinge wieder vergisst. Hierbei kann es sich beispielsweise um den Anruf bei einem bestimmten Kunden handeln, wenn man diesen Tipp auf das Arbeitsleben bezieht. Genauso gut kann es sich aber auch um einen bestimmten Anruf handeln, beispielsweise bei einer Bank, den man in seinem privaten Leben auf jeden Fall erledigen muss. Wenn man diese Dinge nicht sofort erledigt, geht man das Risiko ein, sie zu vergessen. Und wenn dies mit Problemen verbunden wäre, dann sollte einem klar sein, dass man sie sofort erledigen sollte. An dieser Stelle hat man auch schon eine ganz klare Priorität gesetzt: Kleinigkeiten, welche man mit einem geringen Zeitaufwand erledigen kann, die man aber auf jeden Fall erledigen muss, die sollte man auch immer sofort erledigen. Abgesehen hiervon gilt aber auch bei anderen Dingen, welche wichtig sind, aber sich relativ schnell erledigen lassen, dass man diese sofort erledigt. Dies hat verschiedene Vorteile. Ein Vorteil hiervon ist, dass man diese wichtigen Dinge ohne einen großen Aufwand schon geschafft hat und auf diese Art bereits sehr viel erledigt hat, ohne hier sehr viel Zeit eingesetzt zu haben. Aber wichtige und schnell zu erledigende Dinge sofort zu erledigen hat auch noch einen weiteren Vorteil. Und dieser ist psychischer Natur. Jeder weiß, dass er jeden Tag viele Dinge zu tun hat. Viele von diesen Dingen sind sehr wichtig und müssen auf jeden Fall erledigt werden.

Und um diese Dinge sollte man sich auch sofort kümmern. Denn diese Dinge sind in vielen Fällen zwar sehr wichtig, aber sie lassen sich deshalb nicht in einer längeren Zeit erledigen. Aus Sicht des Zeitmanagements sind diese Dinge eigentlich ideal. Mit einem geringen Zeitaufwand erledigt man sehr viele Sachen. Auch für die Psyche, welche im Sinne der Leistungsfähigkeit eine große Rolle spielt, ist es ideal wichtige und schnell zu erledigende Dinge zuerst fertigzustellen. Denn man hat einfach das Gefühl, bereits sehr viel geschafft zu haben, und ist dementsprechend zufrieden mit sich selbst und wesentlich ausgeglichener gestimmt. Wenn man sich hingegen denkt, wie viele Dinge man noch an diesem Tag zu tun hat, und wie viel Aufwand es kosten wird diese zu erledigen, dann sorgt dies in den meisten Fällen wohl eher nicht für eine positive Laune. Zuletzt ist es auch noch im Sinne des Stresses wichtig, dass man während der Arbeit nicht das Gefühl hat, sehr belangreiche Dinge noch erledigen zu müssen. Wenn man an das Ende seines Arbeitstages eine eher weniger wichtige Aufgabe setzt, welche auch nicht unbedingt noch heute erledigt werden muss, kann man wesentlich entspannter und auch pünktlich Feierabend machen. So gerät man nicht in Versuchung, zu viel zu arbeiten und dadurch seiner für die Gesundheit wichtige Erholung zu wenig Zeit zu widmen. Und wenn man Familie hat, wird auch diese einem danken, wenn man nicht ständig mehr Zeit als nötig in seinem Büro verbringt. Und zuletzt muss man sich dann auch nicht so den Druck machen, unbedingt in sehr kurzer Zeit sehr viel erledigen zu müssen. Denn sich selber Druck zu machen ist grundsätzlich etwas Gutes und sorgt für Produktivität.

Zu viel hiervon sorgt aber dafür, dass wir sehr viel Stress haben. Außerdem wird man eine Sache, die man in sehr kurzer Zeit erledigen muss, wohl auch nicht besonders gut erledigen und sehr viele Fehler machen. Dann kann man sich besser etwas mehr Zeit nehmen, um eine Aufgabe ordentlich zu erledigen, statt sie schnell aber schlecht zu fertigzustellen.

In der Priorität hinter den Dingen, welche sehr wichtig sind und sich schnell erledigen lassen, stehen Dinge, welche wichtig sind, aber Zeit brauchen. Wichtige Aufgaben also, für deren Erledigung aber ein ziemlicher Aufwand aufgewendet werden muss. Diese Sachen geht man nach den Dingen an, welche wichtig sind und wenig Zeit benötigen. Natürlich kommt es bei diesen Aufgaben vor allem darauf an, wie viel Zeit man für ihre Erledigung hat. Schließlich gibt es auch Dinge, welche zwar wichtig sind, aber mit denen man sich ruhig etwas länger Zeit lassen kann. Aber es gibt auch Sachen, welche sehr wichtig und aufwändig sind, die aber am besten so schnell wie möglich fertig sein sollten. Je nachdem wie schnell eine solche aufwändige, aber wichtige Aufgabe erledigt werden muss, kann es sogar sinnvoll sein, sie vor den Sachen einzuordnen, welche wichtig sind und sich schnell erledigen lassen. Denn für diese hat man eventuell noch später Zeit, wenn diese sehr wichtige Aufgabe die schnell fertig werden muss, erledigt ist. Das Wichtigste bei einer solchen Aufgabe ist erst einmal, dass man konzentriert arbeitet und sich auch nicht zu viel Stress macht, egal wie schnell diese Sache fertig sein muss oder wie wichtig es ist, dass sie schnell fertig ist. Denn wenn etwas bedeutsam ist, dann muss es mit Sicherheit auch gut gemacht werden. Und wenn man einfach möglichst schnell arbeitet, ohne hierbei einen besonders großen Wert auf ordentliches Arbeiten zu legen, dann wird man hier ebenfalls keinen großen Erfolg verbuchen können. Dann ist es auch egal, wie schnell man mit der Aufgabe fertig wird. Wie bei allen größeren Aufgaben gilt es auch bei einer solchen Aufgabe, welche schnell fertig werden muss, oder vor allem bei einer solchen Aufgabe, dass man sie in kleinere Aufgaben oder in Abschnitte unterteilt. Für mehr oder weniger jede Sache die man schaffen muss, gibt es unterschiedliche Arbeitsschritte, die sich in eigene Aufgaben einteilen lassen. Beispielsweise habe ich mir erst grob überlegt, was für Themen ich in diesem Buch ansprechen werde und wie es mit welchem Inhalt aufgebaut werden soll, bevor ich mit dem Schreiben begonnen habe. Somit konnte ich das Schreiben dieses Buches bereits in drei Teile aufteilen: Das Zusammentragen der Themen, die ich in diesem Buch behandeln wollte bzw. auch noch will, das Aufschreiben dieser Themen in einer Struktur für das Buch, und im letzten Schritt dann das Schreiben des eigentlichen Buches. Auch dieses schreiben könnte ich dann noch in mehrere Schritte einteilen, beispielsweise nach den unterschiedlichen Kapiteln. Ein Schritt wäre dann das fertig geschriebene erste Kapitel, dann das zweite usw. Diese Möglichkeit der Unterteilung sorgt erst einmal dafür, dass man sich nicht verzettelt und versucht, mehrere Dinge auf einmal zu machen. Beispielsweise ist es sinnvoll, erst Themen für ein Buch zusammenzutragen, bevor man sich dann um eine Ordnung dieser in Kapiteln kümmert, da man ansonsten bei der Ordnung ständig etwas umschmeißen müsste, wenn es neue Informationen gibt, die an einer bestimmten Stelle noch hineinpassen würden.

Zuletzt hat auch dieses Sortieren wieder einen psychologischen Sinn: Wenn man vor einer großen Aufgabe erscheint, dann kann man erst einmal das Gefühl haben, nicht alles überblicken zu können und mit der Größe dieser Aufgabe überfordert zu sein. Wenn man diese dann aber in einzelne Schritte oder einzelne Aufgaben unterteilt, dann geht es einem vermutlich schon wesentlich besser mit den Dingen, die man zu tun hat. Sicher, es wird sich immer noch um eine große Aufgabe handeln. Aber man weiß dann wenigstens was man zu tun hat und mit welcher Sache man beginnen kann. Zuletzt hat man durch die Unterteilung in mehrere Aufgaben, welche sich in einem überschaubaren Zeitraum erledigen lassen, auch ein Erfolgserlebnis, welches einen für die weitere Arbeit an der großen Aufgabe motiviert. Denn man denkt dann: Gut, ich habe schon diese und jene Sache geschafft. Es geht gut vorwärts und ich habe bereits Ziele erreicht. Wenn man hingegen erst einen sehr kleinen Teil dieser großen Aufgabe erledigt hat, wird man eher das Gefühl haben, dass es überhaupt nicht vorwärts geht, und man so gut wie nichts geschafft hat. Auch wenn man durch die Einteilung letztendlich noch immer gleich viel zu tun hat: Man bekommt eine Struktur in seine Aufgaben und man fühlt sich vor allem auch nicht mehr so überfordert, wie dies vielleicht vorher der Fall gewesen sein mag. Grundsätzlich gilt, dass man an eine Aufgabe immer positiv herangehen sollte. Der Gedanke, dass man keine Lust auf diese Aufgabe hat, lieber etwas Anderes machen würde und es sich um eine viel zu große

Aufgabe handelt, wird einen ganz sicher nicht motivieren.

An dritter Stelle in Sachen Priorität kommen dann die Dinge, welche sich schnell erledigen lassen, aber auch nicht schnell erledigt werden müssen und auch nicht wichtig sind. Man kann sich um diese Dinge kümmern, muss es aber noch nicht. Wenn man die nötige Zeit hat, kann man sich um solche Dinge natürlich kümmern. In jedem Fall aber ist es sinnvoll, dass man sich bei dieser Sache wie auch bei vielen anderen Dingen Notizen macht. Viele Menschen scheuen sich davor, Dinge aufzuschreiben und glauben, dass sie sich diese wohl in Erinnerung behalten können. Aber vermutlich ist es auch Ihnen irgendwann schon einmal passiert, dass sie plötzlich bemerkten, dass sie eine Sache vergessen haben und diese noch schnell erledigen müssen. So etwas ist mir noch vor kurzem passiert. Ich hatte den Auftrag eines Kunden mehr oder weniger vergessen, da ich zu diesem Zeitpunkt eine ganze Reihe von unterschiedlichen Aufträgen hatte. Tatsächlich musste ich mich dann sehr beeilen und auch meine Planungen umschmeißen, da ich dann statt Freizeit zu haben, arbeiten musste, weil ich diesen Kunden auch nicht verlieren wollte. Es wäre auf jeden Fall besser gewesen, wenn ich mir aufgeschrieben hätte, dass ich den Auftrag für diesen Kunden auf jeden Fall noch erledigen muss. So hätte ich mich dann auch hieran erinnert und hätte nicht das zeitliche Problem bekommen. Notizen sind bei einer Vielzahl von Aufgaben in jedem Fall wichtig, und zwar auch mit einer entsprechenden Deadline, also dem Zeitpunkt, wo man eine Sache fertig haben muss oder sie auch persönlich fertig haben will. Wann immer man eine Sache behalten und sich auf jeden Fall rechtzeitig an sie erinnern muss, sollte man eine Notiz anfertigen. Diese befindet sich dann, wenn es um die Arbeit geht, am besten an einem gut sichtbaren Platz auf dem Schreibtisch, den man häufig in seinem Blickfeld hat. Von Zeit zu Zeit kann man dann schauen, ob man mit allen Aufgaben fertig wird, und was man noch alles zu tun hat, um die Zeit im Blick zu behalten.

Doch zurück zu den Prioritäten. Diese Aufgaben, welche nicht wirklich wichtig sind, können also nach hinten verschoben werden, wenn sie zeitlich gesehen nicht schnell fertig werden müssen. Man kümmert sich dann in jedem Fall erst um die Aufgaben, welche wichtiger sind. Ob man sich erst um eine schnell zu erledigende weniger wichtige Sache kümmert oder um eine wichtige Sache, welche allerdings relativ viel Zeit braucht, kann sich von Situation zu Situation unterscheiden. Nur bei einer Sache ist die Reihenfolge klar: Wenn es etwas Wichtiges gibt, welches sich ebenfalls schnell erledigen lässt, kümmert man sich natürlich erst einmal um diese Sache. Kommen wir nun zur letzten Sache in dieser Reihenfolge: Dinge, welche viel Zeit brauchen und nicht wichtig sind. Sie stehen ganz am Ende der Reihenfolge, da sie keine der zwei Attribute für Prioritäten beinhaltet. Aufgaben, welche nicht wichtig sind und dazu auch noch viel Zeit verschlingen, braucht man eigentlich wirklich nicht. Dennoch ist es in den meisten Fällen wohl so, dass es sich um Aufgaben handelt, welche man nicht einfach nicht machen kann. Sie sind vielleicht nicht wichtig, aber erledigt werden müssen sie wohl trotzdem irgendwann. Dementsprechend muss man sich auch diese Dinge notieren, damit man sie nicht vergisst. Hinterher wird eine Aufgabe, für die man viel Zeit hat und sich keinen Stress machen musste, um sie schnell zu erledigen, noch zu einer Aufgabe, die man ganz schnell erledigen muss, weil man keine Zeit mehr zur Verfügung hat. Eine solche Aufgabe muss man natürlich auch nicht am Stück erledigen, und ich nutze sie sehr gerne als Lückenfüller. Wenn man mal Zeit hat und keine andere Aufgabe hat, welche man dringend erledigen muss, kann man die Zeit nutzen und sich dieser nicht so wirklich wichtigen Aufgabe widmen. Dementsprechend lohnt es sich sogar, wenn man eine solche Aufgabe nicht sofort erledigt. Nur wenn man überhaupt nichts anderes zu tun hat, kann man sich um diese Art von Aufgaben kümmern. Aber man muss sie natürlich noch immer in Erinnerung behalten, wenn sie zu einem bestimmten Zeitpunkt fertig sein muss. Hier hilft es einem dann sehr, wenn man eine Sache notiert hat.

Ein Tipp um alle Aufgaben in Erinnerung zu behalten und sie nach Priorität zu ordnen: Wie schon gesagt, sollten Sie sich Aufgaben auf jeden Fall aufschreiben. Danach sollten sie diese Aufgaben allerdings auch nach den hier genannten Kriterien kategorisieren und auch daneben schreiben, zu welcher Kategorie die jeweiligen Aufgaben gehören. Also, ob sie wichtig sind und schnell erledigt werden können, wichtig sind, aber viel Zeit kosten, unwichtig sind, sich aber schnell erledigen lassen oder viel Zeit kosten, obwohl sie eigentlich nicht wirklich wichtig sind. So hat man dann einen guten Überblick über die Reihenfolge, in der man die Aufgaben angehen sollte. Wobei die Dinge, welche viel Zeit kosten aber nicht wichtig sind oder zeitlich nicht drängen, natürlich eine Sonderstellung einnehmen, da man sie von Zeit zu Zeit mal als kurzer Lückenfüller nutzen kann, auch wenn man noch andere Aufgaben zu erledigen hat. Eventuell ist es auch sinnvoll diese Aufgaben dann zu erledigen, wenn man sich nicht mehr so gut konzentrieren kann, beispielsweise, weil man schon lange an einer schwierigen und komplizierten Sache gearbeitet hat und der Kopf dementsprechend bereits erschöpft ist. Letztendlich ist es bei einer solchen unwichtigen Sache natürlich auch nicht so wichtig, dass man sie richtig gut erledigt. Hier kann man sich dann auch leisten, etwas weniger genau zu arbeiten, um nicht unnötig viel Zeit auf diese Aufgabe zu verschwenden. Da kann man sich dann besser etwas länger an einer Aufgabe aufhalten, welche wichtig ist und richtig gut werden muss. Zuletzt sollte man sich an dieser Stelle auch den Zeitpunkt aufschreiben, wann die einzelnen Aufgaben erledigt sein müssen oder sein sollten.

Als letztes möchte ich in diesem Kapitel noch die sogenannte Eisenhower Matrix vorstellen. Wenn es um Zeit- und Selbstmanagement geht, dann wird diese Matrix immer wieder genannt. Und sie passt ganz gut in das Prinzip, welches ich hier genannt habe, hinein. Wie bei einer Matrix üblich, besteht diese aus mehreren Feldern. Bei der Eisenhower Matrix gibt es insgesamt vier Felder und auch vier Kategorien. Auf der linken Seite schreibt man, ob eine Aufgabe wichtig oder nicht wichtig ist, oben schreibt man, ob eine Sache dringend ist, also schnell erledigt werden muss, oder nicht dringend ist, und man sich dementsprechend Zeit mit ihr lassen kann. Wenn eine Sache sowohl dringend ist als auch wichtig, dann sollte man sich sofort selbst um diese

Sache kümmern. Wenn eine Sache hingegen wichtig ist und nicht dringend, dann soll man diese Sache selber erledigen und terminieren. Wenn etwas hingegen nicht wichtig ist aber dringend, dann gibt man sie an Mitarbeiter ab. Und wenn etwas nicht wichtig ist und auch nicht dringend, dann soll man sich laut der Matrix überhaupt nicht um diese kümmern. Sie einfach vergessen bzw. wegschmeißen und sich nicht um sie kümmern. In der Praxis kann man diese Matrix sehr gut nutzen. Wobei man natürlich sagen muss, dass sie nicht ganz zu Ende gedacht ist. Beispielsweise kann eine Sache, nur, weil sie nicht wirklich wichtig ist und auch nicht schnell erledigt werden muss, trotzdem irgendwann erledigt werden müssen. Vermutlich ist hier also eine Sache genannt, welche nicht gemacht werden muss, was allerdings etwas verwirrend und auch nicht so richtig sinnvoll ist. Hinzu kommt, dass man erst einmal Mitarbeiter haben muss, damit man etwas an diese delegieren kann. Wenn man ein Unternehmen selber besitzt oder sich in einer Führungsposition befindet, dann hat man in den meisten Fällen die Möglichkeit dies zu machen. Wenn man sich aber selber nicht in einer Führungsposition befindet, dann kann man seine Aufgaben auch nicht einfach so an andere Menschen delegieren. Dementsprechend hätte man in diesem Fall gar nicht die Möglichkeit, diesen Teil der Eisenhower Matrix zu beachten. Zusammengefasst halte ich die Eisenhower Matrix also für sinnvoll, aber nur, wenn man sie noch genauer erklärt und gewisse Voraussetzungen erfüllt. Man muss also in der Lage sein, Dinge an andere Menschen delegieren zu können, und man muss unter den unwichtigen Dingen Dinge verstehen, welche überhaupt nicht erledigt werden müssen und dementsprechend auch wegfallen können. So richtig sinnvoll ist die Eisenhower Matrix, so wie die meisten Menschen sie verstehen, wohl erst einmal nicht.

Zusammengefasst kann man zu diesem Kapitel sagen, dass es Dinge gibt, welche wichtig sind und sich in kurzer Zeit erledigen lassen. Diese Aufgaben sollte man dann auch sofort erledigen. Auch die Zeit spielt eine Rolle: Wenn man eine Sache schnell erledigen muss, dann steht sie in der Priorität natürlich über anderen Dingen. Weniger wichtig sind Dinge, welche zwar wichtig sind, aber viel Zeit brauchen. Wenn diese nicht besonders eilen, kann man besser zuerst die schnell zu erledigenden wichtigen Dinge erledigen, um schnell vorwärts zu kommen. Noch weiter hinten stehen die Dinge, welche nicht wichtig sind, sich aber schnell erledigen lassen. Und ganz am Ende finden sich dann die Dinge, welche viel Zeit brauchen, aber auch nicht wirklich wichtig sind. Dinge, die man zu tun hat, schreibt man sich am besten zusammen mit dem Zeitpunkt, wo sie erledigt sein müssen, auf und teilt sie auch hinsichtlich der vier genannten Kriterien ein. So geht man dann nicht das ansonsten durchaus vorhandene Risiko ein, eine Sache zu vergessen oder zu spät mit der Erledigung dieser zu beginnen. Platzieren sollte man den Zettel mit diesen Notizen an einer Position, wo man sie gut sehen kann, und so von Zeit zu Zeit auch auf sie draufschaut. Des Weiteren bietet sich zum Einteilen noch die sogenannte Eisenhower Matrix an, welche einen größeren Wert auf die Zeit legt, in der Aufgaben erledigt werden müssen. Anders als man dem Namen entnehmen kann, stammt diese Matrix übrigens nicht vom General und US Präsidenten Eisenhower, es gibt keine Anhaltspunkte dafür, dass er diese erfunden oder selber genutzt hätte. Woher der Name der Matrix kommt, weiß allerdings auch niemand. Die Eisenhower Matrix kann ich allerdings nur mit den bereits genannten Einschränkungen empfehlen.

Im nächsten Kapitel werde ich nun über ein Thema erzählen, welches wirklich grundlegend ist. Denn das Wichtigste beim Zeitmanagement und bei der Selbstorganisation ist, dass man die Zeit, welche man zur Verfügung hat, richtig nutzt und seine Aufgaben gut und schnell erledigt. Dies klappt vor allen Dingen dann, wenn man motiviert ist, und dadurch mit einem großen Eifer an Dinge herangeht. Und um diese Motivation wird es im nächsten Kapitel gehen.

Kapitel 7

Selbstmotivation

Ich hatte es am Ende des letzten Kapitels bereits erwähnt: Selbstmotivation ist für uns Menschen etwas sehr Wichtiges. Nur wenn man motiviert ist und weiß, wieso man eine bestimmte Sache tut, macht man sie auch mit großem Eifer und mit der Effektivität, die man haben sollte. Diese Motivation ist extrem wichtig und sollte deshalb auch nie außer Acht gelassen werden. Leider ist dies bei sehr vielen Menschen der Fall, da sie die Selbstmotivation als etwas Merkwürdiges ansehen. Meiner Meinung nach ist es völlig egal, ob die Selbstmotivation merkwürdig ist oder auch nicht. Denn sie hilft einem letztendlich weiter und ist sogar extrem wichtig, wenn man etwas erreichen will. Nur wenn man weiß wieso man etwas tut, kann man diese Sache auch richtig angehen. Dabei gibt es eine sehr große Zahl an Gründen, wegen denen man eine bestimmte Sache macht. Diese unterscheiden sich stark zwischen den einzelnen Menschen. Am wichtigsten ist die Selbstmotivation dann, wenn man fit werden oder abnehmen will. Denn in diesen Situationen muss man sich sehr überwinden. Wenn man vorher keinen Sport getrieben hat, wird es erst einmal ungewohnt und auch sehr anstrengend sein, Sport zu treiben. Man wird sich hierbei nicht besonders gut fühlen, das ist sicher. Deshalb muss man sich in einer solchen Situation auch sehr klar machen, wieso man Sport macht. Beispielsweise damit sich die eigene Gesundheit verbessert oder damit sich der Alltag leichter anfühlt. Bei vielen Menschen ist auch ihr Äußeres, welches sie verbessern wollen, der Grund, weshalb sie Sport treiben. Genau das Gleiche gilt für das Abnehmen. Wenn man Abnehmen will, dann ist klar, dass dies nicht angenehm sein wird. Denn natürlich wird man Hunger haben während einer Diät, und Hunger ist kein angenehmes Gefühl. Man gerät in Versuchung dieses Gefühl zu bekämpfen, indem man etwas isst. Wenn man sein Ziel erreichen will, braucht man deshalb die notwendige Motivation, um das Hungergefühl nicht mit Essen zu bekämpfen und auf diese Art nicht abzunehmen. Die Motivation ist hier die gleiche wie bei den Menschen, die sich vornehmen mehr Sport zu treiben. Übergewicht schadet der Gesundheit und auch optisch möchten die meisten Menschen, welche abnehmen wollen, etwas ändern. Wenn Menschen, die Sport treiben oder abnehmen wollen, mit ihrem Ziel Erfolg haben möchten, dann müssen Sie sich motivieren, um nicht in schlechte Gewohnheiten zurückzufallen oder das sportliche Training schleifen zu lassen. Nur wenn sie sich richtig motivieren, können sie ihre Ziele erreichen. Außerdem machen sie die Dinge dann nicht halbherzig. Wenn man sich zum Training zwingen kann, dann ist dies natürlich erst einmal etwas Gutes. Wenn man das Training dann aber nur halbherzig hinter sich bringt und sich nicht so richtig anstrengt, wird man dennoch keinen Erfolg durch das Training verbuchen können. Auf jeden Fall ist es dann sehr unwahrscheinlich, dass das gelingt. Wenn man sich aber motiviert, dann wird man auch mit viel Eifer an den Sport herangehen und richtig trainieren. So stellen sich dann auch auf jeden Fall gute Erfolge ein.

Auch für viele andere Dinge braucht man die notwendige Motivation. Höchstwahrscheinlich wird der Grund, wegen dem Sie sich dieses Buch gekauft haben, Ihre Arbeit sein. Oder wenigstens wird es sich bei der Arbeit um einen Teil dieses Grundes handeln. Vielleicht haben Sie das Gefühl, dass Sie zu viele Dinge auf der Arbeit zu tun haben und Ihre Zeit besser managen müssen, damit Sie auf der Arbeit alle Ihre Aufgaben schaffen, und nicht zu viel Stress zu haben oder auch zu lange zu arbeiten. Mit noch höherer Wahrscheinlichkeit ist es so, dass Sie Karriere machen wollen und nun nach einer Möglichkeit suchen, um effektiver zu arbeiten. Wenn eines dieser Dinge der Fall ist, dann stellen Sie sich jetzt einfach mal vor, was Sie erreichen wollen: Stellen Sie sich vor, wie es sein wird, Ihr Ziel erreicht zu haben. Stellen Sie sich vor, wie es sein wird, eine Beförderung zu bekommen und in der Karriereleiter aufzusteigen, bis Sie Ihr berufliches Ziel erreicht haben. Stellen Sie sich vor wie es sein wird, wenn sie endlich mehr Zeit für Ihr Hobby haben oder auch mehr Freizeit haben werden, um Ihr Leben genießen zu können. Auf diese Art haben Sie dann auch die notwendige Motivation, um die Dinge anzugehen und auch um die Tipps, welche ich Ihnen in diesem Buch gebe, umzusetzen zu können. Nur wenn Sie motiviert genug sind, wird das auch klappen. Eine andere häufig zu findende Motivation ist die Familie. Wenn Sie Familie und das Gefühl haben, dass Sie nicht genügend Zeit für Sie investieren , dann stellen Sie sich einfach vor, wie es sein wird, mehr Zeit mit Ihrer Familie zu verbringen.

Und erinnern Sie sich bei der Arbeit immer wieder an dieses Ziel. Dies gilt für alle Ziele: Wenn Sie Aufgaben erledigen, dann erinnern Sie sich immer daran, wieso Sie jetzt effektiv sein wollen. Stellen Sie sich vor, was Sie hierdurch für Vorteile haben werden. Auf diese Art bekommen Sie dann auch die Motivation, die es braucht, damit Sie richtig arbeiten können.

Viele Menschen plädieren auch dafür, dass man sich morgens nach dem Aufstehen vorstellen soll, wie es wäre, bestimmte Ziele erreicht zu haben. So startet man dann motiviert in den Tag und geht auch sofort die Dinge an, welche an diesem Tag gemacht werden müssen. Denn morgens früh ist der Zeitpunkt, wo man wohl am meisten durchhängt und häufig nicht sofort effektiv arbeiten kann, einfach, weil man noch müde und noch nicht so richtig fit ist. An dieser Stelle hilft einem die Motivation dann sofort wichtige Dinge zu tun. Sehr helfen einem zu dieser Uhrzeit auch die Routinen, welche ich in einem anderen Kapitel bereits genauer erwähnt habe. Man muss sich angewöhnen, sofort ins Badezimmer zu gehen, um sich fertig zu machen und dann mit der Zubereitung des Frühstücks beginnen. Auch dieses Frühstück ist sehr wichtig, da ein gutes Frühstück einem den Start in den Tag erleichtert. Zugleich hilft hier auch das Waschen des Gesichtes mit kaltem Wasser, da man hierdurch schnell wach wird. Ein weiterer Moment am Tag, an dem man dringend Motivation gebrauchen kann, ist der Nachmittag. Und zwar die Zeit nach dem Mittagessen. Zu diesem Zeitpunkt fühlt man sich nämlich häufig müde und nicht wirklich fit, nicht umsonst gibt es den Mittagsschlaf. Er findet nämlich zu einem Zeitpunkt statt, zu dem man so oder so keine großen Probleme hätte, einzuschlafen. Zu diesem Zeitpunkt hilft es dann auch, sich selber zu motivieren, um erfolgreich weiter machen zu können und richtig zu arbeiten.

Aber auch sonst, bei jeder Tätigkeit, hilft die Motivation. Beispielsweise kann man auf der Arbeit schnell in Versuchung geraten, sich auf andere Dinge zu konzentrieren als auf die Arbeit und mit seinen Gedanken abzuschweifen. Wenn man sich aber motiviert und mit Eifer auf seine Aufgaben stürzt, dann wird man bei der Arbeit wesentlich mehr Erfolg haben. Dementsprechend sollte man sich auch für die Arbeit richtig motivieren. Sich immer klarmachen, wieso man jetzt gut arbeiten muss. Dann arbeitet man auch richtig und schnell. Ich denke, dass Sie wissen werden, warum Sie ein besseres Zeitmanagement erlernen wollen. Und, dass Sie auch wissen, weshalb Sie beispielsweise bei der Arbeit schnell und effektiv sein wollen. Beruflicher Erfolg, mehr Zeit für Familie und Hobbys, bessere Gesundheit, weniger Stress. Alles Argumente. Aber tatsächlich werden Sie etwas andere Gründe haben, wie jeder andere Mensch. Jeder Mensch ist eigen und hat unterschiedliche Motivationen. Damit Sie sich richtig selbst motivieren können, sollte Ihnen klar sein, was Sie erreichen wollen. Machen Sie dies sich wirklich klar, und schreiben Sie es sich auch auf. Eventuell müssen Sie hierüber erst einmal genauer nachdenken, was auch eine ganze Zeit lang dauern kann. Aber am Ende haben Sie eine klare Vorstellung wieso Sie bestimmte Dinge tun. Und dann können Sie sich bei verschiedensten Tätigkeiten sehr gut selber motivieren und die Zeit, welche Sie zur Verfügung haben, optimal nutzen. Denn

Sie müssen sich immer merken: Zeitmanagement bedeutet, dass man die Zeit, welche man zur Verfügung hat, optimal nutzt. Zeit hat man immer gleich viel und man kann hieran nichts ändern. Man kann diese Zeit aber für das Richtige nutzen und durch Effektivität viel in der Zeit, die man zur Verfügung hat, schaffen.

Zur Selbstmotivation gehört auch, dass Sie sich positive Veränderungen klarmachen und sich dadurch motivieren. Wenn Sie beispielsweise merken, dass Sie auf der Arbeit konzentrierter sind und mehr Dinge in einer kürzeren Zeit schaffen, dann ist das für Sie sicherlich positiv. Und Sie können sich dadurch motivieren, dass Sie bereits etwas geschafft haben und somit wissen, dass Sie sich auf dem richtigen Weg befinden. Gut eignen sich zur Motivation auch Aufgaben, welche Ihnen Spaß machen. Wenn Sie gerade nicht so motiviert sind, dann erledigen Sie die Aufgaben, die Sie gerne machen. Oder wenigstens Aufgaben, die Sie nicht ungern machen. Hierfür eignen sich auch sehr gut die Zeitpunkte, die ich schon eben angesprochen habe. Also Zeiten am Tag, an denen man automatisch müde ist, und sich dementsprechend auch nicht so gut zu Tätigkeiten motivieren lässt. Also morgens früh und nachmittags, kurz nachdem Sie zu Mittag gegessen haben. Genauso gut kann man sich auch einfache Tätigkeiten für einen Moment aufheben, an dem man sich nicht mehr so gut konzentrieren kann. Wenn man bei der Arbeit beispielsweise noch Dokumente sortieren muss, wobei diese Aufgabe zwar wichtig ist und gemacht werden muss, aber nur wenig Aufmerksamkeit erfordert, auch nicht schwer ist, kann man sie besonders gut am Ende des Arbeitstages erledigen, wenn die

Konzentration langsam, aber sicher nachlässt und andere, kompliziertere Aufgaben einem nicht mehr so gut und schnell von der Hand gehen würden. Übrigens können Sie sich auch neben die Aufgaben, die Sie wie im letzten Kapitel angesprochen auf einen Zettel schreiben und nach Dringlichkeit sortieren sollen, schreiben, warum diese oder jene Aufgabe wichtig ist, und aus welchem Grund man sie macht. Das ist zwar relativ aufwendig und muss nicht unbedingt sein, kann einem aber ebenfalls bei der Motivation helfen. Aber es handelt sich nur um eine Möglichkeit, nicht um etwas das man machen muss. So oder so kann ich Sie an dieser Stelle darauf hinweisen, dass die Dinge, welche ich Ihnen in diesem Buch erzähle, nicht für jeden Menschen gelten. Jeder Mensch ist anders und hat unterschiedliche Angewohnheiten. Vielleicht machen Sie bestimmte Dinge, die ich in diesem Buch erwähne, bereits, vielleicht ist das ein oder andere auch nicht wichtig für Sie, egal aus welchem Grund. Bei allen in diesem Buch genannten Dingen handelt es sich um Möglichkeiten, welche helfen können und sinnvoll sind. Aber sie müssen nicht alle beachtet werden, wenn man dies aus dem ein oder anderen Grund nicht machen möchte.

Zusammengefasst handelt es sich bei der Selbstmotivation um eine sehr wichtige Sache, welche bei der Effektivität sehr viel helfen kann. Die Selbstmotivation erscheint sehr vielen Menschen erst einmal als etwas Seltsames. Aber wie schon gesagt: Es hilft, und meiner Meinung nach ist es dann egal, ob etwas ungewöhnlich ist oder nicht. Solange es seinen Zweck erfüllt, ist es gut. Und letztendlich bekommt es normalerweise ja auch kein Mensch mit, wenn man sich selbst auf unterschiedliche Art und Weise motiviert. Die Selbstmotivation sorgt dafür, dass man Enthusiasmus und mit Freude an verschiedene Aufgaben herangeht.

In nächsten Kapitel wird es nun um die Struktur des Tages gehen. Diese ist ebenfalls sehr wichtig, um das Zeitmanagement richtig nutzen zu können. Genauer gesagt ist der größte Feind eines guten Zeitmanagements ein nicht strukturierter Tag, der vollkommen planlos angegangen wird. Denn auf diese Art entstehen Lücken, in denen man nichts macht oder die Zeit nicht richtig nutzt.

Kapitel 8

Den Tag strukturieren

Wie bereits erwähnt, handelt es sich bei der Struktur des Tages, um etwas sehr Wichtiges. Wenn man seinen Plan richtig plant und strukturiert, und das möglichst genau, weiß man auch immer was man zu tun hat. In der Freizeit, die einem zur Verfügung, steht muss man dann die Zeit nicht mehr richtig nutzen. Dann ist es auch sinnvoll, wenn man seinem Tag nicht mehr so eine genaue Struktur gibt, und einfach das macht, nach dem einen jetzt gerade ist. Wenn man den ganzen Tag nur durchgehend planen würde, auch in der Freizeit, würde dies einen wohl eher nicht glücklich machen. Aber seine Aufgaben, die man während der Arbeitszeit und auch danach hat zu planen, das ist schon sehr sinnvoll und sorgt dafür, dass man immer weiß was man zu einem bestimmten Zeitpunkt zu tun hat. Wenn man seine Zeit nicht richtig planen würde, dann würde es hingegen immer zu Zeiten kommen, welche man nicht richtig nutzt, da man nicht genau weiß, was man zu tun hat. Diese Zeiten eignen sich dann beispielsweise sehr gut, um Zeit an seinem Smartphone zu verbringen, welches, wie schon in einem anderen Kapitel in diesem Buch erwähnt, zu den größten Zeitdieben gehört, welche es überhaupt gibt.

Am besten für die Strukturierung des Tages ist es, wenn man sich am Tag zuvor aufschreibt, welche Aufgaben man am nächsten Tag zu erledigen hat. Dann schaut man, wie sich diese am besten verteilen lassen. Gewisse Dinge müssen jeden Tag erledigt werden. Beispielsweise frühstückt man jeden Tag, genauso wie man zu Mittag und zu Abend isst. Aber auch bei der Arbeit wiederholen sich die Aufgaben, wie das man immer seine Mails, die man bekommt, lesen und sie auch beantworten muss. Ansonsten gilt es, auf den Zettel zu schauen, auf dem man seine restlichen Aufgaben aufgeschrieben hat. Und zu sehen, welche dieser Aufgaben heute komplett oder auch nur zum Teil erledigt werden müssen. Dann schreibt man sich auf, zu welchen Zeitpunkten man die einzelnen Aufgaben erledigen muss. Natürlich muss man sich auch eine ganze Reihe von Pausen einplanen, denn, wenn man dies nicht tut, hat man ganz schnell ein Problem was die eigene Leistungsfähigkeit angeht. Nämlich wenn man seinen Kopf nie frei pustet, am besten durch einen kurzen Spaziergang draußen, dann hat man ein großes Problem. Die Konzentration lässt mit der Zeit nach, und man kann nicht mehr effektiv arbeiten. Wenn man möglichst viel in seinen Tag packt auf Kosten der Pausen, dann wird man nicht effektiv arbeiten können. Wie lange diese Pausen sein sollen, das kann man überhaupt nicht sagen. Denn es liegt immer an der jeweiligen Aufgabe, wie sehr man sich nun genau konzentrieren muss. Gerade dann, wenn man eine neue Sache lernt, helfen kurze Lerneinheiten mit vielen Pausen besonders gut. Beispielsweise heißt es, dass man sich nur für eine Dauer von 15 Minuten so richtig auf eine Sache konzentrieren kann, und danach schon eine kurze Pause braucht. Wenn man also etwas Neues lernen will, eine Tätigkeit bei der man sich ganz besonders stark konzentrieren muss, dann sollte man auf keinen Fall eine lange Zeit am Stück lernen. Sondern nur für fünfzehn Minuten und dann am besten kurz nach draußen gehen, um seinen Kopf kurz durchzupusten und sich von der Arbeit bzw. dem Lernen zu erholen.

Ansonsten lohnt es sich am meisten, wenn man die Zeit für die jeweilige Tätigkeit bzw. deren kompletten Erledigung schätzt, und die Pausen erst nach dem Erledigen der Aufgabe einplant. Denn wenn man zwischendurch eine Pause macht, kommt man natürlich aus seiner Aufgabe heraus und muss sich erst einmal wieder neu auf seine Aufgabe konzentrieren. Das dauert natürlich eine ganze Zeit, welche einem dann für andere Dinge nicht mehr bleibt. Wenn es sich um eine sehr lange Aufgabe handelt, welche sich eventuell sogar über mehrere Stunden hinweg erstreckt, dann kann man diese natürlich nicht an einem Stück, ohne Pause, erledigen. Aber man kann auch nicht mehrere Stunden am Stück konzentriert arbeiten, früher oder später würde man abschweifen und sich nicht mehr so richtig konzentrieren. Und dann bringt es einem auch nichts, wenn man seine Arbeit am Stück erledigt und sich durchgehend mit der jeweiligen Aufgabe beschäftigt hat. Denn richtig konzentriert haben wird man sich nicht die ganze Zeit, und zwischendurch würde man garantiert etwas vergessen und sich wieder in irgendwas einarbeiten müssen. Pausen würden so oder so entstehen, stundenlang kann man sich nicht einfach nur auf eine Aufgabe konzentrieren. Allerdings kann es in diesem Moment dann der Fall sein, dass man sich die Aufgabe einteilen kann. So wie ich es bei diesem Buch auch gemacht habe. So kann man dann die Pausen zwischen die verschiedenen Teile oder Abschnitte der Arbeit legen, sodass man sich nicht mehr so richtig neu in die Aufgabe einarbeiten muss. Dies wird vermutlich nicht ganz ideal gelingen, man wird sich noch immer etwas Einarbeiten und sich wieder neu in die Aufgabe hineindenken müssen. Aber das ist dann mit wesentlich weniger Arbeit verbunden.

Genau das Gleiche gilt auch für Aufgaben, die sehr kurz dauern. Bzw. nicht das Gleiche, aber etwas sehr Ähnliches. Wenn man nach einer Aufgabe noch nicht das Gefühl hat, dass man schon eine Pause machen müsste, kann man einfach eine weitere kürzere Aufgabe direkt danach machen, und erst nach der Erledigung dieser beiden kurzen Aufgaben eine Pause machen. Natürlich kann man nach der kurzen Aufgabe auch direkt mit einer längeren beginnen, welche man dann aber unterbrechen müsste. Dementsprechend wäre es besser, wenn man eine beliebige Anzahl von nicht zu lange dauernden Aufgaben hintereinander erledigt und erst dann eine Pause macht, wenn man lange genug gearbeitet hat, um eine Pause zu machen. Eine genaue Planung der Pausen zu einer bestimmten Uhrzeit sollte man vornehmen, aber dennoch daran denken, dass man sich nicht immer und in jedem Fall stur an diese halten kann. Denn jeder Mensch hat natürlicherweise Schwankungen, was die Stimmung angeht, und arbeitet deshalb mal mehr und mal weniger effektiv. Manchmal fühlt man sich einfach nicht so gut und braucht eine Pause. Und das ist natürlich nicht immer zu einer bestimmten Uhrzeit der Fall. Grundsätzlich gilt, dass man sich immer genug Zeit einplanen soll. Viele Menschen sind was ihre Zeitplanung angeht immer sehr motiviert bzw. sie schätzen, dass sie alle Aufgaben schneller machen, nicht so oft eine Pause machen usw. Aber in Wirklichkeit wird das nicht der Fall sein. Außerdem kommen einem immer wieder Dinge dazwischen. Meine persönliche Erfahrung bei der Arbeit ist, dass es immer mal wieder vorkommt, dass irgendjemand etwas von mir oder sich einfach so mit mir unterhalten will. Beispielsweise werden durch ein Gespräch die Pausen schnell viel länger, als man es eigentlich geplant hat. Denn schließlich möchte man in einem Gespräch auch nicht unhöflich sein, und manchmal kann man dann ein Gespräch nicht so einfach abbrechen. Manche Menschen haben einfach die Angewohnheit oder das Bedürfnis viel zu reden, und sie machen es einem sehr schwer von ihnen wegzukommen.

Was die Pausen angeht kann es aber auch sein, dass der Arbeitgeber nicht möchte, dass man so oft eine Pause macht. Es gibt sogar Arbeitgeber, welche nicht möchten, dass man während der Raucherpause anderer Mitarbeiter ebenfalls eine Pause macht. Spätestens hier fehlt mir jegliches Verständnis, da es ja letztendlich auch zum Vorteil des Arbeitgebers ist, wenn man selber nicht raucht. Denn rauchen erhöht die Wahrscheinlichkeit für Krankheiten und somit auch die Wahrscheinlichkeit dafür, dass man eine längere Zeit ausfällt bzw. insgesamt öfter fehlt und weniger arbeitet, weil man krank ist. Davon abgesehen, dass man das selber natürlich auch nicht möchte. Ich kenne Menschen, die, um während der Arbeit Pausen zu machen, tatsächlich einfach angefangen haben während der Arbeit zu rauchen oder dann auch tatsächlich zu richtigen Rauchern wurden, was ja auch irgendwie logisch ist, wenn man jeden Tag während der Pausen und somit mehrere Zigaretten am Tag raucht. Letztendlich wird der Arbeitgeber sich aber normalerweise davon überzeugen lassen, wenn man öfter eine Pause macht, um effektiver arbeiten zu können. Man findet schließlich mehr als genug Informationen dazu, dass Pausen wichtig sind, damit man sich besser konzentrieren und auch richtig arbeiten kann. Stellt sich nun noch die Frage, wie häufig man eine solche Pause machen sollte. Tatsächlich gibt es hierfür keine klare Meinung. Klar ist, dass mit der Zeit die Konzentration immer weiter verloren geht. Aber es ist tatsächlich auch so, dass man in Wirklichkeit nur fünfzehn Minuten lang sich so richtig konzentrieren kann. Allerdings ist es wohl kaum möglich nach fünfzehn Minuten schon eine Pause zu machen. Außerdem beziehen sich die fünfzehn Minuten auf das Lernen von neuen Dingen, und wenn man das tut, muss man sich natürlich besonders stark konzentrieren. Das ist bei anderen Aufgaben natürlich ganz anders, häufig hat man auch Aufgaben bei der Arbeit, bei denen man sich nicht so stark konzentrieren muss. Und neue Dinge muss man bei der Arbeit auch nur relativ selten lernen.

Eine weitere Angabe bezieht sich auf 45 Minuten. In dieser Zeit kann man sich noch recht gut konzentrieren, wenn auch nicht so gut, wie dies innerhalb der ersten fünfzehn Minuten der Fall ist. Wenn es also möglich sein sollte, dann sollten Sie nach einer Dauer von fünfundvierzig Minuten eine Pause machen. Dies sollten Sie verschieben, wenn Sie mehr Zeit brauchen, um eine

Aufgabe fertig zu bekommen. Und wenn Sie fünf Minuten vor einer Pause fertig geworden sind, dann sollten Sie natürlich nicht mehr mit etwas Neuem für die kurze Zeit anfangen und einfach eine Pause machen. Ob sich die fünfundvierzig Minuten aber mit Ihrer Arbeit vereinbaren lassen, kann ich nicht genau sagen. Und ob Sie bei Ihrer Arbeit eher öfter oder seltener eine Pause machen sollten oder nicht, liegt auch einzig und allein an ihrer jeweiligen Arbeit, sodass man auch in dieser Hinsicht keine genaue Angabe machen kann. Wichtig ist nur, dass Sie nicht an den Pausen sparen, da dies letztendlich nur dafür sorgt, dass Sie weniger effektiv arbeiten und so letztendlich Zeit verlieren.

Doch kommen wir nun zurück zu der eigentlichen Planung des Tages. Wie schon gesagt: Pausen sind wichtig und es ist sinnvoll, seine Aufgaben richtig zu planen. Dazu gehört auch, dass man schwere Aufgaben am Anfang seiner Arbeitszeit erledigt und vor allem nach dem Mittagessen eher einfache Aufgaben erledigt. Genauso wie kurz vor dem Ende der Arbeit. Da sowohl die Zeit nach dem Mittag als auch die Zeit kurz vor dem Arbeitsende auf den Nachmittag fallen, sollte es klar sein, dass man seine wichtigsten Aufgaben vor allem morgens abarbeiten sollte. Dies versteht sich dann auch sehr gut mit dem Prinzip, schwierige Dinge nicht aufzuschieben. Planen Sie also Ihren Tag genau durch und planen Sie auch ein, dass es immer mal dazu kommen kann, dass Sie für eine Sache mehr Zeit brauchen als geplant. Ich sehe hier vor allem Termine, bei denen man eine Strecke mit dem Auto oder einem anderen Verkehrsmittel zurücklegen muss, als kritisch an. Denn leider kann es schnell dazu kommen, dass man nicht richtig durch den Verkehr hindurch kommt. Als jemand der in Koblenz wohnt und dementsprechend oft an einer der Brücken im Stau steht, bin ich hier natürlich besonders leidgeprüft. Aber allgemein gilt, dass man die sogenannten Rush Hours, wo sich besonders viele Menschen auf den Straßen befinden, vermeiden sollte. Denn diese sind für das Zeitmanagement natürlich alles andere als ideal. Viel sinnloser kann man seine Zeit kaum verschwenden. Wenn Sie die Möglichkeit haben, in Gleitzeit zu arbeiten, sollten Sie hier auch auf keinen Fall die Zeiten aussuchen, zu denen sich besonders viele Menschen auf der Straße befinden. Fahren Sie also erst spät oder besonders früh zur Arbeit, um nicht im Stau zu stehen.

Planen Sie also für eine Aufgabe, die mit einer Fahrt verbunden ist, immer etwas mehr Zeit ein. Und planen Sie auch ansonsten nicht zu strickt, damit Sie nicht zu viel Stress haben und Ihr Plan realistisch bleibt. Planen Sie auch nicht den ganzen Tag durch, wie dies manche Menschen tatsächlich machen. In der Zeit nach Ihrer Arbeit muss es auch mal die Gelegenheit geben, dass Sie das machen was Sie machen wollen, ohne alles genau zu planen. Ansonsten wird diese genaue Planung nämlich in Stress enden, welcher Ihnen dann auch nicht mehr weiterhelfen wird. Das Geheimnis einer richtigen Planung des Tages ist, dass man bei seiner Planung möglichst genau ist. Aber eben auch nicht zu genau, damit man sich nicht zu viel Stress macht und überhaupt die Chance hat, all die Dinge die man sich vorgenommen hat, zu erledigen. Letztendlich ist es auch kein gutes Empfinden, wenn man ständig das Gefühl hat, dass man all die Dinge, welche man sich vorgenommen hat, eigentlich gar nicht schaffen kann. Das wird dann auch nicht dazu beitragen, dass man sich richtig motivieren kann. Auch wenn man sich keine Pause mehr gönnt, wird man sich nicht gut fühlen und nicht mehr motiviert sein. Feste Strukturen sind also wichtig, wenn man seinen Tag plant. Die Kunst besteht aber darin, dass man sich dennoch noch genug Puffer und Freiheiten einplant, damit sich dieser Plan überhaupt erfüllen kann. Manche Menschen empfehlen, dass man bei der Planung seines Tages ganz genaue Uhrzeiten aufschreibt, wann man dies und jenes machen will. Aber das ist meiner Meinung nach Schwachsinn, nicht sinnvoll und auch überhaupt nicht möglich. Denn wie kann man sich immer sicher sein, dass eine bestimmte Sache genau so lange dauert wie man es geplant hat?

Sicher wird es oft der Fall sein, dass eine Aufgabe einfacher ist, als man gedacht hat. Genauso wird es aber auch oft so sein, dass man für eine Aufgabe mehr Zeit braucht, als man ursprünglich gedacht hat, weil sie sich doch als aufwändiger oder komplizierter darstellt als gedacht, und dementsprechend auch mehr Zeit verschlingt. Genaue Uhrzeiten sind somit nicht sinnvoll. Außerdem können natürlich auch immer neue Aufgaben oder neue Informationen zu Aufgaben hinzukommen. Gerade das morgendliche Öffnen der Mails, welche gestern gekommen sind, sorgt oft dafür, dass man noch zusätzliche Aufgaben bekommt. Und dementsprechend wäre ein Plan, welcher mit genauen Uhrzeiten am Vortag geschrieben wurde, bereits nicht mehr aktuell, und man könnte sich nicht mehr an diesen halten. Feste Uhrzeiten sind also nicht möglich. Vielmehr sollte man sich die einzelnen Aufgaben notieren und festlegen, zu welchen Zeiten man in etwa Pausen machen will. Wenn die Pause etwas eher aufgrund einer Aufgabe, die sich schneller hat erledigen lassen, kommt, dann kommt diese halt etwas eher. Und wenn sie etwas später kommt, weil sich etwas doch als komplizierter herausgestellt hat, dann wird man seine Pause eben später machen. Wenn man schneller fertig wird hat man für weitere Aufgaben eben mehr Zeit, andersrum hat man für die nächste Aufgabe weniger Zeit, wenn man für die andere Sache länger gebraucht hat. So baut man sich dann auch einen gewissen Druck auf, fertig zu werden und Dinge zu schaffen. Aber man baut sich auch nicht übertrieben viel Druck auf, schließlich sollte man auch planen, dass man für Aufgaben eher mehr Zeit braucht als geplant und nicht weniger. So gibt es dann auch die Möglichkeit, dass man zum Ende seines Arbeitstages noch Zeit hat, um mit einer weiteren Aufgabe zu beginnen. So kann man dann auch zufrieden in den Feierabend gehen, da man mehr geschafft hat als ursprünglich geplant.

Am wichtigsten ist letztendlich übrigens, dass man regelmäßig etwas tut und regelmäßig arbeitet. Es hilft einem nichts, wenn man an einem Tag besonders viel schafft und dafür an anderen Tagen eben nicht so viel. Viel wichtiger ist bei allen Dingen die Kontinuität. So ist es beispielsweise beim Sport auch wichtiger, dass man regelmäßig trainiert, als wenn man einen Tag sehr viel trainiert und an einem anderen Tag nur sehr wenig trainiert oder das Training sogar ganz ausfallen lässt. Wie läuft das also nun mit der Planung des Tages? Man nimmt sich abends Zeit und schaut sich das Blatt mit den Aufgaben an, welches man sich am letzten Tag geschrieben hat. Sobald man von einer neuen Aufgabe weiß, notiert man diese, damit man sie in seinen Arbeitstag integrieren kann. Wenn es sich um eine sehr wichtige Aufgabe handelt, die man schnell erledigen muss, kann es natürlich notwendig sein, dass man andere Aufgaben auf den nächsten Tag verschieben muss. Dann werden diese halt in den Plan für den nächsten Tag wieder mit aufgenommen, dann aber mit einer höheren Wichtigkeitsstufe, damit man sie nicht durch ständige neue Aufgaben immer weiter nach hinten verschiebt. Auf einen anderen Zettel notiert man nun die einzelnen Aufgaben je nach ihrer Wichtigkeit, also die Reihenfolge, mit der man sie bearbeiten möchte. Hierbei denkt man dann auch an die Zeiten, zu denen man besonders leistungsfähig ist und dementsprechend schwere Aufgaben zu diesen Zeiten angehen sollte. Auch die Pausen schreibt man sich in etwa auf, wobei man eine feste Uhrzeit aufschreibt, welche man allerdings ohne Probleme nach vorne oder auch nach hinten verschieben können sollte. Je nachdem, wie lange man für die jeweiligen Aufgaben braucht, damit man keine Aufgabe unterbrechen muss.

Wenn man diese Planung fertig hat, ist es eigentlich nur noch wichtig, dass man sich an diese hält und sie wirklich genau abarbeitet. Auch hieran wird man sich erst einmal gewöhnen müssen. Wenn man bisher eher spontan seine Dinge bei der Arbeit oder auch in der Freizeit mit Aufgaben geplant hat, dann wird man sich an ein solches starre Muster erst einmal gewöhnen müssen. Mit Freizeit mit Aufgaben meine ich übrigens die Zeit, in der man nicht seinem Beruf nachgeht, aber dennoch Pflichten hat. Wenn man beispielsweise mit dem Putzen seines Hauses beschäftigt ist, würde ich nicht behaupten, dass man gerade Freizeit hat. Freizeit ist für mich die Zeit, die man wirklich frei gestalten kann und keine Pflichten nachgehen muss. Beispielsweise die Zeit, in der man einem Hobby nachgeht oder sich auch einfach nur auf dem Sofa ausruht. Genauso wie bei allen anderen Angewohnheiten wird man sich früher oder später auch daran gewöhnen, dass man seinen Tag relativ strikt durchgeplant hat. Da man die Vorteile, welche sich durch das genaue Planen des Tages ergeben, sehr schnell selber merken wird, wird man auch motiviert genug sein, um die genaue Planung weiter zu befolgen. Auch wenn dies erst einmal anstrengend wird. Aufgrund der Gewohnheit wird es allerdings nach einiger Zeit so sein, dass man kein Problem mehr mit der genauen Planung haben wird. Und man wird wesentlich effektiver arbeiten können, sodass man mehr Erfolg bei der Arbeit und auch im privaten haben wird. Denn man lässt keine Zeit mehr sinnlos verstreichen, wesentlich nicht die Zeit, in der man arbeiten möchte. Zur Erholung ist eben das das Richtige, denn, wenn man nur noch arbeitet, wird man eher an einem Burn Out erkranken, als mehr Erfolg haben. Und erschöpft arbeitet es sich auch nicht gut oder effektiv.

Im nächsten Kapitel möchte ich nun ein Thema ansprechen, welches ich schon kurz an einer anderen Stelle erwähnt habe. Hier habe ich über das Thema Konzentration gesprochen bzw. über die Zeit, in der man sich konzentrieren kann. Ich hatte erwähnt, dass man sich zwischen 15 und 45 Minuten am besten konzentrieren kann, sich dies allerdings stark von der jeweiligen Aufgabe unterscheidet. Beim Lernen können die 15 Minuten angemessen sein, beim Erledigen von einfachen Aufgaben kann man sich aber auch länger als 45 Minuten ausreichend konzentrieren, um effektiv arbeiten zu können. Aber die Konzentration kann man natürlich auch trainieren. Und dies sollte man tun, da es für effektives Arbeiten sehr wichtig ist, dass man sich richtig konzentrieren kann und sich nicht ablenken lässt. Und genau um diese Konzentration und auch um die Verbesserung der Konzentration wird es im nächsten Kapitel dieses Buches gehen.

Kapitel 9

Verbesserung der Konzentration

Die Verbesserung der Konzentration ist eine sehr wichtige Sache. Doch bevor ich auf konkrete Möglichkeiten für die Verbesserung der Konzentration schaue, wird es erst einmal um die Konzentration im Allgemeinen gehen und wobei es sich bei dieser handelt. Denn nur so können Sie diese auch verstehen und sie effektiv verbessern. Unter konzentrieren versteht man erst einmal, dass man sich auf eine bestimmte Sache fokussiert. Im Normalfall wird es sich hierbei um die Aufgabe handeln, welche man in seiner Freizeit mit Dingen oder auch während seiner Arbeitszeit erledigt. Das Wichtigste hierbei ist, dass man sich wirklich nur auf diese eine Sache konzentriert und seinen Fokus somit behält. Es kann natürlich sein, dass man mit den Gedanken mal abschweift. Aber genau dies gilt es zu verhindern. Die einfachste Übung hierfür ist eigentlich, dass man darauf achtet, wann die eigenen Gedanken abschweifen. Und sich dann anstrengt, diesen Gedanken nicht mehr zu folgen, um sich wieder auf die eigentliche Aufgabe zu konzentrieren. So kann man bereits einiges an Zeit einsparen, welche man sonst mit sinnlosen Gedanken verbracht hätte, die einem bei der Arbeit nicht mehr weiterhelfen. Da es sich bei der Konzentration um die Fokussierung auf genau eine Sache handelt, dürfte hier auch ganz klar sein, dass man kein Multitasking betreiben sollte bei dem man sich eben nicht konzentriert, sondern auf verschiedene Dinge gleichzeitig fokussiert.

Eine Tatsache ist, dass es einem mit der Zeit schwerer fällt, die Konzentration aufrecht zu erhalten. Nach einiger Zeit kann es passieren, dass man sich nicht mehr genau auf eine Sache konzentrieren kann und stärker mit den Gedanken abschweift. Um genau zu sein, wird dies früher oder später auf jeden Fall so sein. Zugleich kann es zu gewissen körperlichen Reaktionen kommen. Diese bestehen unter anderem daraus, dass man Kopfschmerzen bekommt, welche der Konzentration natürlich ebenfalls alles andere als zuträglich sind. Doch gibt es auch noch einige andere Dinge, welche dieser nicht helfen. Von diesen habe ich in anderen Teilen dieses Buches schon einige angesprochen. Beispielsweise gehören hier ganz klar Ablenkungen dazu, welche die Konzentration stören und dafür sorgen, dass man sich auf eine andere Sache konzentriert. Das Smartphone war hierfür das beste Beispiel. Wenn man sein Smartphone hört und weiß, dass man eine neue Nachricht bekommen hat, drehen sich die eigenen Gedanken ganz automatisch um diese neue Nachricht und den Inhalt, welche diese Meldung enthalten könnte. Man strengt sich also zuerst an, die Konzentration aufrecht zu erhalten und sich nicht auf andere Dinge als die derzeitige Aufgabe bei der Arbeit zu konzentrieren. Und dann ist die Konzentration plötzlich vorbei, weil man sich auf sein Smartphone bzw. auf die neue Nachricht konzentriert. Das Smartphone sollte man dementsprechend lautlos stellen und/oder an einem anderen Ort aufbewahren, damit durch dieses die eigene Konzentration nicht gestört wird.

Auch auf die Frage nach dem Schlaf hatte ich in einem anderen Teil dieses Buches bereits das Wort gerichtet. Der Schlaf ist hinsichtlich der Konzentration ebenfalls sehr wichtig. Ich hatte eben angesprochen, dass es zu Kopfschmerzen kommen kann, wenn man sich lange Zeit auf eine Sache konzentriert. Und vermutlich haben auch Sie schon die Erfahrung gemacht, wie es ist, wenn man nicht viel Schlaf hatte, weil man nicht richtig schlafen konnte oder aus irgendeinem Grund besonders früh aufstehen musste. Kopfschmerzen kommen bei Schlafmangel sehr schnell auf. Und da diese auch die Konzentration stören, kann man sich bei einer zu geringen Menge an Schlaf eben nicht richtig konzentrieren, was die Leistungsfähigkeit stark herabsinken lässt. Was die Konzentrationsfähigkeit ebenfalls negativ und auch positiv beeinflussen kann, ist die derzeitige emotionale Stimmung. Wenn man schlechte Laune hat, dann wird man sich eher nicht mehr konzentrieren können oder größere Probleme bei dieser Konzentration haben. Wenn man hingegen positiv gelaunt ist, dann kann man sich besser konzentrieren und dementsprechend auch eine bessere Leistung während der Arbeit abrufen. Das Thema Motivation hatte ich in diesem Buch schon ebenfalls angesprochen, und genau diese sorgt auch für eine positive Laune. Genauso wie die Tatsache, dass man sich nicht mit zu viel Aufgaben, welche man nicht schaffen kann, überfordern sollte. Denn wenn man weiß, dass man seine Aufgaben kaum schaffen kann, dann wird man auch nicht motiviert sein seine Aufgaben anzugehen, und man wird dementsprechend auch keine gute Laune haben und sich nicht mehr richtig konzentrieren können.

Zuletzt kann auch noch die Ernährung positiv oder negativen Einfluss haben. Denn die Ernährung beeinflusst unseren gesamten Körper und kann unter anderem auch dafür sorgen, dass das Gehirn gut arbeiten kann, oder auch eben besonders schlecht. Ich möchte an dieser Stelle nicht zu genau auf das Thema Ernährung eingehen, da es sich hierbei um ein sehr weites Feld handelt, welches zu viel Platz in diesem Buch wegnehmen würde. Im Allgemeinen lässt sich aber auf jeden Fall sagen, dass man nach Möglichkeit auf die meisten verarbeiteten Lebensmittel verzichten sollte, da diese größtenteils alles andere als gut sind. Sie enthalten ungesunde Fette, fast immer Zucker (dies ist auch bei den Lebensmitteln der Fall, bei denen man eher keinen Zucker vermuten würde) und auch noch viele künstliche Zusatzstoffe, welche beispielsweise die Haltbarkeit verlängern oder auch Geschmacksstoffe, welche in vielen Fällen weniger geschmackvolle oder hochwertige Zutaten ersetzen sollen. Schlecht sind diese Dinge auf jeden Fall. Die richtige Ernährung besteht auch aus sehr wenig Zucker. Genauso wie aus einfachen Kohlenhydraten, bei denen es sich ebenfalls um eine Art Zucker handelt. Dies kann man leicht dann feststellen, wenn man ein Stück Weißbrot für eine längere Zeit im Mund kaut. Mit der Zeit wird man feststellen, dass das Brot beginnt süß zu schmecken. Dann haben sich die einfachen Kohlenhydrate durch die Verdauung bereits in Zucker verwandelt. Besser ist es, wenn man auf Vollkornprodukte setzt. Bei diesen würde das Kauen im Mund länger dauern. Vollkornprodukte liefern einem auch auf Dauer Energie, wie Produkte aus weißem Mehl und sie sorgen auch länger für ein Sättigkeitsgefühl, da man für die Verdauung mehr Zeit benötigt. Fett ist für uns Menschen ebenfalls wichtig, wobei es gesunde und ungesunde Fette gibt. Außerdem sollte man es mit dem Fett auch nicht übertreiben, da es dem Körper sehr viel Energie liefert und einen dementsprechend schnell dicker werden lässt. Statt Süßigkeiten sollte man besser auf Obst zurückgreifen, welches neben dem Zucker auch noch viele Vitamine enthält und der Fruchtzucker auch noch gesünder ist, da dieser den Zuckerspiegel des Körpers nicht so schnell ansteigen lässt. Das Wichtigste aus dem eine gesunde Ernährung besteht ist Gemüse. Dieses liefert dem Körper nur sehr wenig Energie, man wird also durch das Essen von Gemüse nicht dick, aber dennoch satt. Zugleich enthält es sehr viele wichtige Vitamine, sogar noch viel mehr als dies beim Obst der Fall ist. Aufgrund des nicht vorhandenen Zuckers und des mehr an Vitaminen ist Gemüse auch wesentlich besser für den Körper als Obst, auch wenn dies viele Menschen nicht wissen wollen.

Zur Ernährung gehört auch, dass gewisse, im Essen enthaltene Stoffe, der Konzentration besonders zuträglich sind. Omega 3 Fettsäuren sind in dieser Hinsicht ganz besonders wichtig, bedeutend für die Konzentration und somit auch für unsere Leistungsfähigkeit. Verschiedene Lebensmittel bestehen aus Omega 3 Fettsäuren. Omega 3 Fettsäuren sind in vielen Lebensmitteln enthalten, beispielsweise in Spinat, oder auch in Rapsöl. Aber der bei weitem effektivste und beste Lieferant für Omega 3 Fettsäuren ist Fisch. Hierbei eignet sich vor allem fetter Fisch, eigentlich auch logisch, da es sich bei Omega 3 ja um eine Fettsäure handelt. Lachs, Thunfisch oder Sardine sind Fische, welche sehr gut für die Versorgung mit Omega 3 Fettsäuren in Frage kommen und dementsprechend auch oft konsumiert werden sollten. Wobei man es auch mit dem Lachs nicht übertreiben sollte, da dieser bereits in sehr großen Mengen gefischt und gezüchtet wird, eigentlich schon in zu großen Mengen. Denn wir Deutschen essen extrem gerne Lachs, kein anderer Fisch kommt bei uns so oft auf den Teller wie dies beim Lachs der Fall ist. Neben den Omega 3 Fettsäuren ist auch Vitamin B sehr wichtig für die Versorgung des Körpers mit Vitaminen. Glücklicherweise ist Vitamin B ebenfalls in den genannten Fischen enthalten, was diese für die Konzentration noch einmal ein Stück wichtiger macht. Eier und Milch bzw. Produkte aus Milch enthalten auch noch relativ viel Vitamin B, aber auch Fleisch, vor allem Rind- und Lammfleisch. Als Vegetarier hat man es mit dem Vitamin B schwerer, aber vor allem Quark oder Frischkäse kann hier Abhilfe schaffen, genauso wie Eier dies können. Aber bei Veganern gibt es auf jeden Fall ein Problem, da es, außer in Algen, kein nicht-tierisches Vitamin B gibt. Deshalb sollte man als Veganer auf jeden Fall noch zusätzliches Vitamin B aus der Apotheke zu sich nehmen. Da man manche Stoffe als Veganer nicht bekommt, muss man dies sowieso praktizieren, weil man sonst, aufgrund eines Mangels an Nährstoffen, sogar krank werden kann. Vitamin B wird allerdings auch sehr lange vom Körper gespeichert, sogar über mehrere Jahre. Man kann dementsprechend auch als Vegetarier oder sogar Veganer über einige Jahre noch ausreichend versorgt sein, bevor man sich mit

Supplementen helfen muss. Hinsichtlich der Ernährung ist zuletzt noch wichtig, dass man ausreichend isst und nicht unter Hunger leidet. Natürlich sollte man auch nicht zu viel essen, da ein zu hohes Gewicht der Gesundheit schadet und einen auch eher träger und weniger effektiv werden lässt. Aber wenn man Hunger hat, dann kann man sich nur sehr schwer konzentrieren.

Ein weiteres Thema zur Verbesserung der Konzentration ist Musik. Viele Menschen können sich besser konzentrieren, wenn sie während des Arbeitens Musik hören. Diese Eigenschaft gilt allerdings nicht für alle Menschen. Andere Menschen können sich auch nicht mehr richtig konzentrieren, wenn sie während der Arbeit Musik hören. Dies ist auch aus der Sicht logisch, dass man sich auch auf die Musik konzentriert und Multitasking, wie man weiß, nicht gut ist. Die Konzentration kann durch Musik also durchaus gestört werden. Aber sie kann, wie schon gesagt, auch helfen. Dies ist vor allem dann der Fall, wenn man sich nicht mehr so sehr auf die Musik konzentrieren muss. Und das ist dann der Fall, wenn man sie bereits kennt. Neue Lieder zu hören, die man vorher noch nicht kannte, sollte man eher vermeiden, da man sich auf diese auch immer ein wenig konzentrieren wird, um sie zu verstehen. Man wird bei neuen Liedern ganz automatisch schwerer lernen. Außerdem kommt es auch auf die Musik an, die man hört: Ruhige Musik hilft bei der Konzentration eher als andere Musik. Außerdem hilft fröhliche Musik beim Lernen ganz gut, da sich auch die eigene Laune auf die Fähigkeit zur Konzentration auswirkt. Wenn man schlecht gelaunt ist, kann man sich recht schlecht konzentrieren. Eventuell hilft es deshalb auch, vor dem Arbeiten fröhliche Musik zu hören. Das hilft dann, wenn man selber gerade nicht die beste Laune hat, und dementsprechend nicht so gut arbeiten könnte. Musik ist wohl dass Mittel der Wahl, wenn es darum geht, die Laune schnell zu verändern. Mit trauriger Musik kann man dann natürlich auch das genaue Gegenteil erreichen, wenn man dies denn möchte. Beim Konzentrieren können aber auch Lieder helfen, welche extra dazu konzipiert sind, dass man sie während des Arbeitens hört. Im Internet oder auch bei Streaming Diensten findet man eine ganze Reihe von Playlists mit Musik, welche bei der Konzentration helfen soll. Diese kann man dann auch einfach anmachen, wenn man anfängt zu lernen. Eine solche Playlist, die man auch selber erstellen kann, ist sowieso gut, wenn man während des Arbeitens Musik hört. Denn wenn man keine solche Playlist zum Hören hat, dann wird man ständig dadurch abgelenkt, dass man wieder ein neues Lied auswählen muss. Genauso gut kann man aber auch einfach ein Album hören. Bei solchen Playlists ist es dann auch nicht mehr so, dass man die Musik unbedingt kennen muss.

Ich hatte bereits erwähnt, dass sich Schlaf auf die Konzentration positiv auswirkt, bzw. das sich zu wenig Schlaf dann wieder negativ auf die Konzentration auswirkt. Für die Konzentration ist Schlaf dementsprechend wichtig. Aber Schlaf ist nicht nur dann wichtig, wenn man wie üblich nachts schläft. Auch am Tag kann ein kurzer Schlaf helfen. Hierbei ist wichtig, dass man nur für eine kurze Zeit schläft. Denn wenn man länger als eine halbe Stunde schläft, kommt man in eine tiefere Schlafphase, und wenn man aus dieser nach beispielsweise 40 Minuten geweckt wird, fühlt man sich nicht mehr so erholt, sondern eher erschöpft. Weniger Schlaf wie eine halbe Stunde ist wieder kein Problem, zehn Minuten bis eine halbe Stunde Schlaf sind ideal für einen solchen kurzen Schlaf zur Verbesserung der Konzentration. Einen solchen kurzen Schlaf führt man normalerweise am Nachmittag nach dem Mittagessen durch. Man kann sich direkt nach dem Essen nicht besonders gut konzentrieren und auch nicht wirklich gut arbeiten, da man sich relativ erschöpft und häufig auch müde fühlt. Schlafen kann man hingegen in diesem Moment besonders gut, auch weil der Magen gut gefühlt ist und man seine Energie jetzt eher für die Verdauung einsetzt. Viel Bewegung ist zu diesem Zeitpunkt so oder so keine wirklich gute Idee. Zusammengefasst ist man, wenn man keinen Mittagsschlaf hält, für eine längere Zeit nicht sonderlich leistungsfähig und kann sich weniger gut konzentrieren, als sonst. Besser ist es dementsprechend, wenn man sich für einige Zeit ausruht bzw. einen Mittagsschlaf hält. Durch diesen verliert man auf den ersten Blick Zeit, da man aber die restliche Zeit wesentlich besser und effektiver nutzen kann wie ohne den Mittagsschlaf, lohnt er sich im Sinne des Zeitmanagements trotzdem. Natürlich ist es auch nicht für jeden Menschen möglich, einen solchen Mittagsschlaf zu halten. In erster Linie hängt diese Möglichkeit davon ab, ob er sich mit den Arbeitszeiten vereinbaren lässt oder ob man überhaupt die Möglichkeit hat, einen Platz zum Schlafen aufzusuchen. Wenn man in seiner Mittagspause nach Hause kommen kann und auch etwas länger Zeit hat für seine Mittagspause, sollte man einen solchen Schlaf aber auf jeden Fall durchführen. Wenn man Zuhause seiner Arbeit nachgeht, beispielsweise, weil man freiberuflich arbeitet oder Home-Office betreibt, ist dieser Mittagsschlaf erstrecht kein Problem. Wenn man zwischendurch während man beschäftigt ist merkt, dass man sich nicht mehr konzentrieren kann oder auch Kopfschmerzen bekommt, kann man einen solchen Schlaf auch zwischendurch einschieben. Ganz allgemein ist es sinnvoll, wenn man jeden Tag schaut, wann man besonders effektiv arbeiten kann und wann eher nicht. Schwere Aufgaben kann man eher auf die Zeitpunkte legen, an denen man besonders effektiv arbeiten und diese Aufgabe gut erledigen kann, auch wenn sie schwer sind. Zwar gibt es genaue Zeiten, an denen man effektiver ist, als zu anderen Zeiten, die man auch genau bestimmen kann. Dieser erwähne ich im Buch auch. Aber des Weiteren ist es auch eine gute Idee, wenn man sich mal aufschreibt, zu welchen Zeitpunkten eines Tages man sich besonders gut konzentrieren kann und zu welchen Zeitpunkten man sich eher nicht so gut konzentrieren kann. Denn dies ist in gewissen Maßen bei jedem Menschen unterschiedlich. Schreiben Sie sich einfach für drei Tage lang jede Stunde auf, wie Sie sich jetzt gerade fühlen, und ob Sie jetzt gerade effektiv und konzentriert arbeiten können oder ob dies eher nicht der Fall ist. Und bei der Planung Ihres Tages nutzen Sie dann diese Informationen für die Verteilung der Aufgaben und der Pausen über den Tag hinweg. Beispielsweise können sich die meisten Menschen morgens sehr gut konzentrieren, da sie hier noch nicht erschöpft sind. Andere Menschen wiederum brauchen Zeit um auf Touren zu kommen und können diesen

Zeitpunkt dementsprechend nicht so gut nutzen. Kurz vor Ende der Arbeit sind viele Menschen nicht mehr so konzentriert, weil sie schon an ihre Freizeit denken und auch erschöpft sind von der Arbeit. Aber es kann auch sein, dass dies bei Ihnen weniger stark ausgeprägt ist, und Sie dementsprechend doch noch Aufgaben die anstrengend sind auf diese Zeit legen können. Ansonsten machen Sie zu diesen Zeitpunkten halt möglichst leichte Arbeit, bei der Sie sich nicht so viel konzentrieren müssen.

Um kurzfristig wieder leistungsfähiger zu werden, bzw. um sich kurzfristiger wieder besser konzentrieren zu können, hilft natürlich auch eine Pause. Wenn man sich nicht so gut fühlt oder sich nicht mehr richtig konzentrieren kann ist es das Beste, wenn man kurz nach draußen an die frische Luft geht oder hier auch einen kurzen Spaziergang unternimmt. Denn die frische Luft eignet sich sehr gut um den Kopf freizubekommen, der Kopf wird im wahrsten Sinne des Wortes einmal kurz durchgepustet. Nach der Zeit draußen an der frischen Luft kann man sich dann auch wieder besser konzentrieren. Bei mir hilft diese Technik sogar so gut, dass ich, wenn ich etwas Neues lernen will, mich nach draußen begebe, da ich mich hier einfach besser konzentrieren kann und so schnell lerne. Auch beim Schreiben dieses Buches habe ich mich, wenn möglich, draußen aufgehalten, wobei dies nur relativ selten auch möglich war. Noch besser als ein Spaziergang hilft Ausdauersport bei der Konzentration. Hierbei sollte es sich allerdings nur um einen moderaten Ausdauersport handeln, beispielsweise langsames Joggen und kein schnelles Sprinten. Denn wenn man sich zu sehr anstrengt, ist man hinterher eher erschöpft und nicht mehr zu wirklich vielen Dingen fähig. Natürlich sollte man auch diese Art von Sport auch mal machen, um fitter zu werden. Aber moderater Ausdauersport kann sich auch dann lohnen, wenn man noch arbeiten und für diese Arbeit seinen Kopf freibekommen möchte, um während der Arbeit die Konzentration aufrecht erhalten zu können.

Wenn wir uns für die Arbeit, die wir machen, interessieren, dann ist dies für die Konzentration ebenfalls wichtig. Am stärksten merkt man dies dann, wenn man etwas lernen möchte: Wenn man sich für eine Sache interessiert, möchte man einfach mehr über diese wissen und gerät auch gar nicht in die Versuchung, sich auf etwas anderes Interessanteres konzentrieren zu wollen oder mit den Gedanken zu einer interessanteren Sache abzuschweifen. Wir können uns dann voll auf unsere jeweilige Aufgabe konzentrieren, statt auf andere Dinge. Wenn man merkt, dass man sich nicht mehr richtig auf eine Sache konzentrieren kann bzw. dies auch nicht will, da man diese Sache einfach nicht interessant findet, kann es sinnvoll sein einer anderen Aufgabe nachzugehen. Wenn man bei einer Aufgabe nicht weiterkommt, kann es so oder so sinnvoll sein, sich erst einmal mit etwas Anderen zu beschäftigen, da man dann später neue Ideen hat und in vielen Fällen besser vorankommt, als wenn man sich verbissen mit einem Problem beschäftigt, und es nicht schafft dieses zu lösen. Aber eine interessantere Aufgabe kann auch dann sehr wichtig sein, wenn man sich eben nicht mehr richtig konzentrieren kann. Denn vermutlich wird man sich auf diese Aufgabe dann wieder besser konzentrieren können. Des Weiteren wichtig für die Konzentration ist der Glukosespiegel. Wenn dieser zu gering ist, kann man sich nicht mehr richtig konzentrieren bzw. es fällt einem schwerer, bei der Erledigung von Aufgaben die Konzentration aufrecht zu erhalten.

Um auch bei einer Tätigkeit, die einen nicht so richtig interessiert, konzentriert und motiviert zu bleiben, sollte man sich eine Belohnung für das Erledigen dieser Aufgabe ausdenken. Am besten verknüpft man diese Belohnung dann auch nicht nur mit der Erledigung dieser Aufgabe als Voraussetzung, sondern auch damit, dass man diese Aufgabe in einer bestimmten Zeit erledigen kann oder mit der Bedingung, dass man sie konzentriert an einem Stück erledigt. Um was für eine Belohnung es sich letztendlich handelt, kann man sich selber aussuchen. Hier bieten sich ganz verschiedene Möglichkeiten an, welche auch von Mensch zu Mensch unterschiedlich sind. Beispielsweise kann man nach der Erledigung dieser Aufgabe eine Essenspause einlegen, eventuell eine Pause mit einem Spaziergang und dem Gang zur nächsten Eisdiele verknüpfen. Oder man sagt sich, dass man, wenn man diese Aufgabe schafft, am Nachmittag oder am Abend sich Zeit nimmt, um in die Sauna zu gehen, wenn man dies denn gerne macht. Da jeder Mensch unterschiedliche Dinge gerne macht, kann man sich auch selber aussuchen, für was für eine Sache man sich letztendlich entscheidet. Die Möglichkeiten sind sehr vielfältig. Ich würde allerdings empfehlen, dass man sich nicht zu oft auf das Essen als Belohnung konzentriert. Denn dann wird man es sich auch in anderen Situationen immer öfter zur Gewohnheit machen, etwas zu Essen zu sich zu nehmen, was dann letztendlich dazu führt, dass man an Gewicht zunimmt und auch seiner Gesundheit sowie seiner Leistungsfähigkeit schadet. Und damit wäre einem natürlich auch in keinem Fall geholfen. Das Erledigen von unterschiedlichen Aufgaben hilft ebenfalls bei der Konzentration. Wenn man sich nur monoton mit einer einzigen Sache beschäftigt, leidet die Konzentration früher oder später unter dieser einschläfernden und wenig motivierenden Tätigkeit. Besser ist es, wenn man sich auf unterschiedliche Dinge konzentriert und beispielsweise das Schreiben am Computer bei der Arbeit mit dem Telefonieren verbindet. So wird eine Aufgabe dann auch interessanter, was bekanntermaßen der Konzentration ebenfalls hilft oder wenigstens helfen kann. Zuletzt ist es auch noch wichtig, dass man sich gut fühlt. Hierauf spielt auch das bereits genannte Thema Hunger an, denn wenn man hungrig ist, dann kann man sich nicht mehr konzentrieren. Wenn man krank ist oder Kopfschmerzen hat, fühlt man sich natürlich ebenfalls nicht wohl und kann sich nicht richtig konzentrieren. Es gibt auch noch weitere Dinge, welche dafür sorgen können, dass man sich nicht wohl fühlt. Beispielsweise ein unangenehmer Geruch im Büro oder eine zu grelle Beleuchtung, welche einen stört. Und auch die Umgebung in der man arbeitet sollte man sich so anpassen, dass man sich wohl fühlt.

Ich hatte bereits erwähnt, dass ich mich draußen in der Natur gut konzentrieren kann. Dies liegt vermutlich nicht nur an der guten Luft draußen, auch wenn diese vermutlich der wichtigste Grund ist, sondern auch an der Umgebung in der ich mich einfach wohl und gut fühle und mich somit noch einmal besser konzentrieren kann.

Wenn Sie arbeiten, dann wird dies mit hoher Wahrscheinlichkeit in einem Büro der Fall sein. Zwar ist es nicht immer so, aber in den meisten Fällen kann man sich als Arbeitnehmer auch sein Büro in gewisser Weise selber dekorieren. Wenn man zusammen mit vielen anderen Menschen in einem Büro sitzt, dann ist dies vielleicht nicht mehr der Fall. Aber wenn man ein Büro für sich alleine hat oder sich nur mit einer einzigen anderen Person in dem Büro aufhält, dann wird man sich seine Umgebung wohl gestalten können, beispielsweise in Form von Bildern oder durch Blumen. Natürlich sollte man seinen Chef oder seinen Vorgesetzten fragen, bevor man etwas im Büro verändert, da dieser dies vielleicht nicht möchte. Wenn er etwas dagegen hat, können Sie auch noch versuchen diesen umzustimmen, in dem Sie erklären wieso Sie sich Ihr Büro gerne auf eine andere Art und Weise einrichten wollen. Einfach aus dem Grund, weil Sie sich in Ihrem Büro derzeit nicht so wirklich wohl fühlen, und sich lieber in einem anderen Büro aufhalten würden, in dem es Ihnen besser geht, und in dem Sie sich auch erfolgsversprechender auf Ihre jeweilige Aufgabe konzentrieren können. Schließlich ist auch Ihrem Arbeitgeber daran gelegen, dass Sie effektiv arbeiten.

Selbst in einem Großraumbüro in dem es Ihnen nicht erlaubt ist, Ihre Umgebung in irgendeiner Art und Weise zu verändern, können Sie es sich noch etwas schöner machen. Beispielsweise in dem Sie dafür sorgen, dass Ihr Arbeitsplatz ordentlich aufgeräumt ist und nicht nur aus einem einzigen Chaos aus umherfliegenden Zetteln besteht. Denn bei sehr vielen Menschen ist genau dass der Fall. Leider können wir uns bei einer zu großen

Menge an Chaos auch nicht mehr wirklich gut konzentrieren. Ein Arbeitsplatz, der einfach ausgestattet ist, aber ordentlich aussieht, kann einem bei der Konzentration bereits wesentlich helfen und sorgt auch dafür, dass wir uns wieder besser konzentrieren können. Den Arbeitsplatz zu wechseln hilft ebenfalls bei der Konzentration. Wenn man Zuhause oder auch bei seiner Arbeit die Möglichkeit besitzt, an unterschiedlichen Orten seiner Tätigkeit nachzugehen, dann sollte man diese Möglichkeit auch nutzen und von Zeit zu Zeit den Ort, an dem man arbeitet, wechseln. Am besten arbeitet man dann in der Natur. Aber auch ein Wechsel mit dem Notebook vom Büro runter ins Wohnzimmer oder in die Küche kann einem bereits bei der Konzentration helfen. Und bei all diesen Tipps bleibt auch noch das Wichtigste bei der Konzentration, dass man in regelmäßigen Abständen Pausen macht. Denn egal wie sehr man seine Konzentration trainiert und egal wie gut man sich auch immer konzentrieren kann. Früher oder später kann man sich nicht mehr so gut konzentrieren und schweift mit seinen Gedanken immer öfter auf andere Dinge ab. Und wenn man das tut, arbeitet man nicht mehr effektiv und erstrecht nicht mehr konzentriert. Nach einiger Zeit eine Pause zu machen, um seinen Kopf freizubekommen und nach der Pause wieder bei voller Konzentration arbeiten zu können, ist sehr wichtig. Ohne Pausen geht es einfach nicht, es gibt keine Möglichkeit für eine lange Zeit zu arbeiten, ohne hierbei irgendwann auch mal eine Pause zu machen.

Doch wo ich es gerade schon angesprochen habe: An dieser Stelle möchte ich nun zu Dingen kommen, welche Ihnen dabei helfen können, dass Sie sich besser konzentrieren können. Denn wie schon gesagt: Nach einiger Zeit kann sich kein Mensch mehr so richtig konzentrieren. Aber wann dieser Zeitpunkt ist, hängt vom jeweiligen Menschen und seinen Fähigkeiten zur Konzentration ab. Manche Menschen können sich nur für eine sehr kurze Zeit richtig konzentrieren, tatsächlich gibt es auch Menschen mit einer sogenannten Aufmerksamkeitsdefizitstörung. Hierbei handelt es sich dann sogar um eine Art von Krankheit, welche dafür sorgt, dass man sich auf nichts richtig konzentrieren kann, und dementsprechend auf seiner Arbeit und auch im Alltag große Schwierigkeiten hat. Aber es muss sich gar nicht um eine solche Störung handeln. Viele Menschen können sich einfach relativ schlecht konzentrieren, und auch wenn man sich bereits gut konzentrieren kann, schadet es auf keinen Fall, wenn man lernt sich noch besser konzentrieren zu können. Wenn man etwas Neues lernen will, dann lohnt es sich, sich dies abzuschauen bei Menschen, welche diese Sache bereits können. So gibt es beispielsweise auch Menschen, welche sich besonders gut konzentrieren können. Bei diesen Menschen handelt es sich um Personen aus dem asiatischen Raum, vor allem um den indischen. Denn das Meditieren und die Erhöhung der Fähigkeit zur Konzentration sind im Buddhismus ein enorm wichtiges Thema, welches dort eigentlich so gut wie jeden Menschen beschäftigt. Hier befasst man sich mit dem Thema Konzentration eher nicht so viel, wobei auch die Übungen von Mönchen und Nonnen bei der Konzentration helfen können. Diese waren in der westlichen Vergangenheit eigentlich mehr oder weniger die einzigen, welche sich so richtig mit dem

Konzentrieren beschäftigt haben. Wobei sie dieses auch eher unabsichtlich getan haben, ihr Ziel war es hierbei ganz sicher nicht, dass sie ihre Konzentration erhöhen wollten. Das richtige Ziel die Konzentration erhöhen zu wollen, dass findet sich auf jeden Fall in erster Linie bei den Menschen aus dem indischen Lebensraum. Denn hier ist das Finden der sogenannten Erleuchtung immens wichtig. Und um zu einer solchen Erleuchtung zu gelangen, ist es enorm wichtig, dass man sich richtig konzentriert. Bei der Meditation konzentriert man sich eigentlich für eine sehr lange Zeit auf etwas Bestimmtes und hält einen sehr starken Fokus aufrecht. Eine Fähigkeit, die es bei den meisten Menschen heutzutage kaum mehr gibt. Dabei könnte uns diese Fähigkeit in unserem Alltag enorm viel bringen.

Im ersten Schritt kann man hier eine Sache nutzen, welche in letzter Zeit sehr stark in Mode geraten ist und von sehr vielen Menschen empfohlen und thematisiert wird. Hierbei handelt es sich um die Achtsamkeit. Es geht letztendlich bei dieser darum, dass man sich nicht mehr so viel auf andere Dinge konzentriert und im Hier und Jetzt bleibt. Wenn man beispielsweise nach draußen geht, denkt man wenn man achtsam ist nicht an die Arbeit oder an einen Film oder was auch immer, sondern man achtet einfach nur auf seine Umgebung und nutzt hierfür seine Sinne. Man achtet auf die frische Luft, auf die singenden Vögel. Die Stimme im Kopf, welcher jeder Mensch hat, bleibt in dieser Zeit stumm oder wenigstens weniger effektiv. Dies ist sehr wichtig für die Erholung unseres Kopfes. Normalerweise denken wir ständig an irgendetwas und beschäftigen uns in Gedanken mit irgendeiner Sache. Das Gehirn wird also ständig gefordert. Und das kann dann auch irgendwann mal dazu führen, dass es überfordert wird. Deshalb sollte man sich in der Achtsamkeit stärken. Diese Achtsamkeit hilft auch aus einer anderen Sicht bei der Konzentration: Bei der Konzentration geht es nämlich in irgendeiner Art auch nur darum, dass man achtsam ist. Dass man nur auf seine Aufgabe achtet und nicht in andere Gedanken abschweift. Somit trainiert man mit der Achtsamkeit automatisch auch seine Konzentration.

Für die Stärkung der Konzentration eignet sich auch eine Meditation sehr gut. Bei dieser handelt es sich auch um eine Entspannungstechnik, welche für Erholung sorgt. Dementsprechend ist sie auch sehr gut geeignet, damit man sich wieder richtig konzentrieren und effektiv arbeiten kann. Man lernt aber auch, sich auf eine bestimmte Sache zu fokussieren, was dafür sorgt das man sich auch besser auf die Arbeit konzentrieren kann. Auch bei der Meditation geht es eben darum, dass man seine Gedanken nicht schweifen lässt, sondern sich einfach auf eine Sache konzentriert. Hierbei kann es helfen, wenn es sich um eine visuell sichtbare Sache handelt. Beispielsweise um einen einfachen Gegenstand, den man vor sich stellt. Man setzt sich dann einfach auf den Boden, wenn man es kann in den sogenannten Lotussitz, welcher für den Körper eine sehr angenehme und gesunde Position zum Sitzen darstellt, und fokussiert seine Konzentration einzig und alleine auf diesen Gegenstand. Man denkt auch nicht an andere Dinge, welche es eventuell noch zu tun gibt oder die einen gerade interessieren. Man konzentriert sich nur auf diesen einen Gegenstand, der sich vor einem befindet. Auf diese Art lernt man, sich zu konzentrieren. Es gibt übrigens auch die Möglichkeit beim Meditieren, dass man seine Gedanken ganz bewusst schweifen lässt. Also, dass man sich ganz absichtlich nicht nur auf eine einzige Sache konzentriert, sondern sich mit den Dingen beschäftigt, welche eben gerade so im Kopf herumschwirren. Hierdurch kann dann beispielsweise das Bedürfnis gesenkt werden, während einer anderen Aufgabe, auf die man sich konzentrieren muss, an andere Dinge zu denken. Übrigens lernt man, durch die Konzentration auch, schneller einzuschlafen. Bestimmt hatten Sie schon einmal das Gefühl, dass Sie abends im Bett lagen und einfach nicht einschlafen konnten, weil heute so viel passiert ist, über dass Sie noch nachdenken. Oder Sie befinden sich mit den Gedanken schon beim nächsten Tag und den Dingen die an diesem Tag passieren werden. Wenn Sie das tun, dann können Sie auch nicht zur Ruhe kommen und einschlafen. Wenn man übt, diese Gedanken aus dem Kopf zu verbannen, kann man auch schnell einschlafen und somit auch mehr schlafen. Und dieses mehr an Schlaf hilft dann auch wieder bei der Konzentration. An diesem Beispiel kann man also sehen, wie alle Dinge irgendwie miteinander verbunden sind. Wenn man die eine Sache übt, hilft das im anderen Bereich einem wieder weiter. So wie es einem beim Zeitmanagement hilft, wenn man lernt sich richtig zu konzentrieren. Alles hängt in irgendeiner Weise zusammen, sodass am Ende alles wesentlich besser funktioniert und ein gutes Ergebnis erreicht wird.

Sehr praktisch an beiden Formen der Meditation ist, dass man lernt, Zeiten in denen man sich konzentriert und Zeiten in denen man sich einfach seinen Gedanken im Kopf hingibt, zu unterscheiden. Auch dies kann einem in vielen Situationen helfen, gerade dann, wenn man sich konzentrieren will. Denn man merkt dann eher, wenn man beginnt, mit den Gedanken abzuschweifen. Und man übt auch, dies eben nicht zu tun und sich nur auf eine einzige Sache zu konzentrieren und auf diese Art effektiver zu arbeiten. Neben der Konzentration auf einen Gegenstand, kann man sich bei der Meditation übrigens auch auf viele andere Dinge konzentrieren. So wird bei Anfängern sehr häufig Musik verwendet, und zwar ruhige Musik, welche zur Entspannung während der Meditation beiträgt. Außerdem kann man auf diese Musik sehr gut achtgeben. Etwas schwerer wird die Meditation dann, wenn man sich statt auf einen Gegenstand auf die eigene Atmung konzentriert. Oder auch auf einen bestimmten Punkt auf unserem Körper, beispielsweise auf das Gefühl in den Händen. Letztendlich kann man sich auf sehr viele unterschiedliche Dinge konzentrieren. Neben der Verbesserung der Konzentrationsfähigkeit hilft Meditation auch noch auf eine andere Art und Weise, dies ist sogar wissenschaftlich bewiesen: Wenn man häufig meditiert, dann wächst ein bestimmter Bereich in unserem Gehirn, und hierbei handelt es sich um den sogenannten Hippocampus. Dieser ist für unser Gedächtnis und auch für die Lernprozesse, die wir durchlaufen, zuständig. Es ist dementsprechend auch klar, dass man durch das Training des Hippocampus effektiver arbeiten kann. Man kann auf diese Art auch schneller neue Informationen aufnehmen, was ein wesentlicher Bestandteil der Arbeit ist. Übrigens hilft es schon, wenn man sich nur einige wenige Minuten Zeit für die Meditation lässt, das dann aber täglich. Wie bei vielen anderen Dingen auch kommt es nicht darauf an, dass man eine Sache viel macht oder viel übt. Es kommt viel mehr auf die Regelmäßigkeit des Trainings an.

Die Konzentration zu trainieren ist übrigens auch deshalb wichtig, weil es vielen Menschen immer schwerer fällt, sich zu konzentrieren. Menschen in der Vergangenheit konnten sich wesentlich besser konzentrieren, als wir Menschen heute. Man geht davon aus, dass dies in erster Linie einen einzigen Grund hat: In der Vergangenheit gab es einfach nicht so viele Ablenkungen, welche es den Menschen erschwert haben, sich richtig konzentrieren zu können. Wenn es nichts Anderes gibt, außer den eigenen Gedanken, auf das man sich konzentrieren könnte, dann konzentriert man sich auch auf seine jeweilige Aufgabe. In der heutigen Zeit lauern allerdings an jeder Ecke Ablenkungen, gerade in Form des Smartphones. Und diese Ablenkungen sorgen dafür, dass man sich nicht mehr richtig konzentrieren kann und auch verlernt, sich zu konzentrieren. Neben der Meditation gibt es natürlich auch noch eine ganze Reihe von anderen Übungen, welche einem ebenfalls bei der Stärkung der Fähigkeit zur Konzentration helfen. Doch bevor ich zu diesen komme, möchte ich Ihnen noch einen weiteren wichtigen Tipp für Ihre Konzentration geben: Trinken Sie ausreichend. Trinken sollte man so oder so relativ viel, empfohlen werden zwei Liter Flüssigkeit am Tag, und zwar in Form von Wasser oder ungesüßtem Tee. Kaum ein Mensch kommt auf eine solche Menge an Flüssigkeit, hier kann ich mich selber wohl auch nicht ausnehmen. Genug zu trinken ist aber nicht nur wichtig für die Gesundheit, sondern auch für die Fähigkeit zur

Konzentration. Wenn man zu wenig trinkt, dann bekommt man Kopfschmerzen und kann sich auch nicht mehr gut konzentrieren. Dies kann man bei Kopfschmerzen so oder so nicht, denn diese sind für uns Menschen eine sehr große Ablenkung. Wer Kopfschmerzen hat, der kann nicht mehr richtig nachdenken und sich nicht mehr konzentrieren. Auch wenn man merkt, dass man sich nicht mehr so gut konzentrieren kann oder Kopfschmerzen bekommt, sollte man es mal mit etwas zu trinken versuchen und sich, wenn das nicht hilft, nach draußen an die frische Luft begeben. Kaffee ist in dieser Hinsicht übrigens weniger gut. Viele Menschen trinken viel Kaffee, um leistungsfähig zu bleiben, und zwar durch das Koffein. Tatsächlich wird man durch Koffein auch wacher und kann sich für einen bestimmten Zeitraum besser konzentrieren. Allerdings hält die Wirkung von Kaffee nicht wirklich lange an. Und kurz nach dem der Kaffee aufgehört hat zu wirken, fühlt man sich durch den Genuss des Kaffees sogar noch weniger fit und kann sich noch schlechter konzentrieren wie davor. Kaffee hat also eigentlich eine Wirkung, die genau das Gegenteil der Wirkung darstellt, die man eigentlich durch den Genuss des Kaffees erreichen wollte.

Kommen wir nun zu Übungen für die Konzentration, welche sich außerhalb des bereits genannten Bereichs der Meditation befinden. Eine sehr gute Möglichkeit, um seine Konzentration zu verbessern, ist das Lösen von sogenannten Sudoku Rätseln. Hierbei handelt es sich um Rätsel aus dem Bereich der Mathematik, welche es in unterschiedlichen Schwierigkeitsgraden gibt. Wenn man diese Sudokus richtig lösen möchte, dann muss man sich auf jeden Fall sehr auf das Lösen dieser Aufgaben konzentrieren. Nur wenn man sich richtig konzentriert, kann man nämlich die Informationen behalten, die man im Kopf behalten muss, um weiter richtige Zahlen einzutragen. Ein Verlust der Konzentration könnte dazu führen, dass man wieder einiges von vorne denken muss. Man ist also quasi gezwungen sich richtig zu konzentrieren und trainiert dementsprechend sehr effektiv die eigene Fähigkeit zur Konzentration. Auch das Zählen von Buchstaben gehört zu den Dingen, welche für die Konzentration hilfreich sind. Das mag sich vielleicht auf den ersten Blick relativ merkwürdig anhören, aber es ist tatsächlich so. Schnappen Sie sich doch einfach einen Textblock aus diesem Buch und schauen Sie, wie oft die jeweils vorhandenen Buchstaben im gesamten Text vorkommen. Wichtig ist natürlich, dass Sie sich diese Zahl nicht zwischendurch notieren. Denn wenn Sie bis zum Ende wirklich weiterzählen möchten, ohne hierbei einen Fehler zu machen, müssen Sie natürlich die ganze Zeit über die jeweilige Zahl im Kopf halten und können nicht so wirklich mit Ihren Gedanken abschweifen, da Sie die Zahl ansonsten vergessen würden. Auch hier ist man also, genauso wie bei den Sudokus, zur Konzentration gezwungen, um Erfolg zu haben zu.

Auch das Buchstabieren von Wörtern hilft, wenn man seine Konzentration verbessern möchte. Hierfür können Sie billige Wörter nutzen, wobei es sinnvoll ist, zuerst mit einfachen Wörtern zu beginnen. Später gehen Sie dann zu komplizierteren und längeren Wörtern über, ein Beispiel für ein solches Wort wäre Verkehrsinfrastrukturgesetz. Und dabei gibt es auch noch deutlich kompliziertere Wörter, beispielsweise wissenschaftliche Fachbegriffe, die die meisten Menschen überhaupt nicht kennen. Das Ziel ist es nun diese Wörter rückwärts zu buchstabieren, und das mit einer möglichst hohen Geschwindigkeit, aber auch fehlerfrei. Auch bei dieser Übung muss man sich sehr stark konzentrieren, um eine gute Leistung bringen zu können. Für das Training des Gedächtnisses handelt es sich bei dieser Übung um die effektivste der Übungen, die ich bisher vorgestellt habe. Übrigens lässt sich diese Übung auch immer und zu jeder Tageszeit ausüben. Wenn man sich gerade mit dem Auto auf dem Weg zur Arbeit befindet, beispielsweise. So verliert man dann in seinem Alltag auch keine Zeit für diese Übung. Wobei man beim Fahren natürlich in erster Linie auf den Verkehr achten sollte und sich nicht einzig und allein auf das Buchstabieren konzentrieren kann. Es hilft übrigens auch, wenn man diese Übung und auch andere Übungen absichtlich in einem Umfeld ausführt, welches für die Konzentration eigentlich alles andere als ideal ist. Beispielsweise in der Nähe einer Baustelle, wo relativ großer Lärm herrscht. Denn wenn man lernt, solche Störungen auszublenden und sich trotz dieser vorhandenen Störungen lernt richtig zu konzentrieren, dann wird man auch ansonsten bei Störungen nicht mehr so einen starken Abfall der Leistung aufgrund von weniger Konzentration haben. Dann auch, wenn man immer versucht, Störungen abzuschalten, da diese die Konzentration verschlechtern: Es kann immer zu Störungen kommen, an denen man nichts ändern kann. Ein gutes Beispiel hierfür wären die Bauarbeiten, welche ich gerade genannt habe. Wenn vor dem eigenen

Büro Baustellen stattfinden, dann hat man wohl kaum eine Möglichkeit die Lärmbelästigung durch diese abzuschalten. Man könnte höchstens darauf achten, dass die Fenster die meiste Zeit geschlossen bleiben. Aber dennoch muss man lernen, sich dann auch in dieser Situation so gut wie es eben, trotz der Störung, geht zu konzentrieren.

Gut für das Training der Konzentration eignen sich auch Rätsel egal welcher Art. Denn auch bei diese ist es ganz klar notwendig, dass man sich konzentriert, um überhaupt die Möglichkeit zu haben, sie richtig lösen zu können. Um was für ein Rätsel es sich letztendlich handelt, beispielsweise ein Bilderrätsel oder ein Rätsel in Form eines Textes, ist erst einmal vollkommen egal. Eine ebenfalls etwas merkwürdige Übung ist das Schauen auf einen Sekundenzeiger. Diese Übung ähnelt nun in gewisser Art und Weise der Meditation, bei der man sich nur auf eine Sache konzentriert: Hier konzentriert man sich dann auch einzig und allein nur noch auf die Fortbewegung des Zeigers. Konzentrieren Sie sich nur auf den Zeiger und seine Fortbewegung und folgen Sie dem Zeiger mit Ihren Augen. Nach einiger Zeit werden Sie, egal wie stark Sie sich anstrengen, mit den Gedanken abdriften und sich nicht mehr richtig auf den Zeiger konzentrieren. Und in dem Moment, in dem Sie nicht mehr richtig auf den Zeiger achtgeben, folgen Sie diesem auch nicht mehr mit den Augen. Und das bemerken Sie dann auch auf jeden Fall. Der Vorteil dieser Übung ist, dass man sich sehr gut selbst konzentrieren kann, dass man auch nicht mit den Gedanken abdriftet. Es dauert übrigens auch nicht lange bis man dem Zeiger nicht mehr folgen kann und mit den

Gedanken abdriftet: Schon nach weniger als einer Minute verlieren die meisten Menschen die Konzentration. Diese Übung eignet sich sehr gut dann, wenn man nur einige wenige Minuten Zeit hat. Denn es handelt sich wohl um die intensivste Übung, welche man nach einigen Minuten bereits fertig haben sollte.

Eine andere Übung, welche nicht so anstrengend ist wie die anderen Übungen, und bei der es sich eigentlich gar nicht um eine richtige Übung handelt, ist das Lesen. Wenn man liest, dann taucht man in eine ganz andere Welt ab. Und man konzentriert sich wirklich nur auf diese, dass meiste um einen herum wird dann ausgeblendet. Vielleicht haben Sie es auch schon erlebt, dass Sie jemanden angesprochen haben der gerade am Lesen war und der überhaupt nicht oder nur sehr merkwürdig und undeutlich reagiert hat. Dieser Mensch war dann so in sein Buch konzentriert, dass er überhaupt nicht mehr richtig wahrgenommen hat, dass er angesprochen wurde. Vielleicht war es auch so, dass Sie selber derjenige waren dem etwas gesagt wurde, und der dies überhaupt nicht richtig mitbekommen hat. Mir persönlich ist das schon öfter passiert. Hinterher hat man mir dann beispielsweise gesagt: Ich habe dir das doch gesagt oder mitgeteilt. Hierbei kann es sich um ganz verschiedene Dinge handeln, welche man dann überhaupt nicht mitbekommen hat. Für andere Menschen kann dies manchmal ärgerlich sein. Letztendlich zeigt es aber nur, dass das Lesen als Möglichkeit zum Training der Konzentration äußerst effektiv ist und seinen Nutzen bringt. Wenn man liest, bekommt man so gut wie nichts Anderes mit und konzentriert sich wirklich nur auf die Sache, die man zu lesen hat. Dies ist wenigstens bei den Menschen der Fall, die dem Lesen auch etwas abgewinnen können. Manche Menschen können einfach nicht so gut lesen oder haben auch keinen Spaß am Lesen und können deshalb diese Übung nicht nutzen. Aber für alle anderen ist sie sehr hilfreich und schult die Konzentration hervorragend. Und das ganz ohne Anstrengung. Bei der Übung mit dem Zeiger der Uhr muss man sich zwingen sich zu konzentrieren, und es handelt sich auch um eine anstrengende Übung. Beim Lesen konzentriert man sich einfach von ganz alleine und hat überhaupt nicht das Gefühl, dass dies in irgendeiner Art und Weise anstrengend ist oder sein könnte. Allerdings ist es auch so, dass man sich beim Lesen nur dann konzentrieren kann, wenn man sich auch für das Buch interessiert. Am leichtesten ist dies normalerweise bei Romanen oder anderen Büchern, welche eine interessante Geschichte bzw. Story erzählen. Hier kann man sich besonders gut konzentrieren und hat zumeist überhaupt kein Problem mit irgendwelchen Ablenkungen. Jedoch muss man auch ehrlich sagen, dass diese Bücher im Vergleich zu anderen Büchern nur einen geringen Mehrwert geben: Man wird durch diese in eine andere Welt entführt, in der man nichts über die eigene Welt lernt bzw. keine sinnvollen Informationen erhält, die einem in irgendeiner Art weiterhelfen können. Beispielsweise ist es wesentlich besser, wenn Sie, wie Sie es gerade tun, ein Buch wie dieses lesen, statt einen Roman oder Krimi. Dementsprechend ist es am besten, wenn man über ein Thema liest, welches einen interessiert. Dies kann man auch leicht daran erkennen, dass es einem beim Lernen meistens längst nicht so leicht fällt, sich auf das, was man zum Lernen gerade liest, zu konzentrieren. Dies gelingt wirklich nur dann, wenn man sich wirklich stark für das Thema interessiert. Aus diesem Grund ist es auch sinnvoll, dass man sich bei einem Studium ein Fach aussucht, für das man sich auch wirklich interessiert. Denn dann kann man zu diesem Fach auch effektiv lernen, da man sich beim Lernen richtig auf den Stoff konzentriert. Wenn man hingegen etwas lernt bzw. liest, was einem nicht wirklich interessiert, dann driftet man auch sehr häufig mit seinen Gedanken ab. Sie sollten dementsprechend für das Training der Konzentration etwa Romane bzw. Krimis nutzen, oder ein Sachbuch mit Informationen, die Sie wirklich interessieren. Ich persönlich interessiere mich beispielsweise vor allem für die Themen Geschichte und Musik, sodass es mir auch leichtfallen würde, ein Sachbuch zu diesen Themen zu lesen und mich hierbei genauso in das Buch vertiefen kann, wie dies bei einem Roman oder Krimi der Fall ist. Zusammengefasst: Wenn Sie ein Sachbuch haben, welches für Sie interessant ist, und in das Sie so hinabtauchen können wie in einen Roman oder Krimi, dann erhalten Sie durch dieses auch noch sinnvolle Informationen und üben sich nicht nur in Konzentration. Wenn Sie dies allerdings nicht so gut können, dann nutzen Sie lieber einen Roman oder einen Krimi, damit es mit dem Training der Konzentration auch funktioniert.

Die letzte Übung, die man sehr leicht in seinen Alltag integrieren kann, ist das Zählen von Schritten. Wenn man beispielsweise draußen am Joggen ist. Man zählt hierbei jeden einzelnen Schritt den man zurücklegt und versucht, sich möglichst lange hierauf zu konzentrieren und für eine möglichst lange Zeit seine Schritte genau zu zählen. Wenn man hierbei die Konzentration verliert, weiß man auch nicht mehr, wie viele Schritte man zurückgelegt hat. Diese Übung kann man sehr leicht in eine Challenge verwandeln, bei der es gilt sich ständig zu steigern. Man wird vermutlich noch wissen, wo man in etwa am Schluss gezählt hat, auch wenn einem die genaue Zahl nicht mehr einfällt. Man weiß also in etwa, wie viele Schritte man hat zählen können, ohne seine Konzentration zu verlieren. Und das Ziel ist nun eine Art Wettbewerb gegen sich selbst, bei dem man versucht, sich ständig zu steigern und mit der Zeit immer länger zählen und dementsprechend auch immer länger seine Konzentration aufrechterhalten kann. Diese Übung kann eigentlich jeder Mensch irgendwann in seinen Alltag integrieren, ob auf dem Weg zur Arbeit, beim Sport oder beim Gang in den Supermarkt. Auch wenn man nur wenig Zeit zur Verfügung hat. Diese Übung wird man dennoch immer schaffen.

So, an dieser Stelle bin ich nun am Ende, des meiner Meinung nach, vielleicht wichtigsten Kapitels in diesem Buch angekommen. In diesem Kapitel ging es um das Thema der Konzentration. Dieses hatte ich schon vorher im Buch indirekt angesprochen, als ich beispielsweise über das Vermeiden von störenden Faktoren erzählt habe. Dass man sein Smartphone beispielsweise während der Arbeit leise stellen und in der Schublade verschwinden lassen sollte. An dieser Stelle möchte ich noch einen letzten Tipp geben, welcher sich allerdings von den meisten Menschen nicht umsetzen lässt: Auch das Telefon stört einen sehr oft. Das Telefon ist tatsächlich sogar die Sache, welche während der Arbeit am häufigsten stört und einem aus der Aufgabe, die eigentlich gerade anliegt, herausbringt. Wenn Sie also die Möglichkeit dazu haben, sollten Sie auch das Telefon ausstellen oder wenigstens lautlos stellen. Leider ist dies für viele Menschen nicht möglich, da sie während der Arbeitszeit ständig erreichbar sein müssen. Allerdings kann man beispielsweise Familienmitgliedern sagen, dass Sie alles, was nicht wirklich wichtig ist, per Textnachricht schicken sollen, die Sie dann in der Pause abrufen können, und dass diese Sie nur anrufen, wenn Sie wirklich sofort mit Ihnen sprechen müssen und ein Aufschub des Gesprächs auf keinen Fall möglich ist. Kommen wir nun aber zurück zu der Zusammenfassung dieses Kapitels. Im nächsten Schritt habe ich dann eine Reihe von Tipps gegeben, mit denen man dafür sorgen kann, dass man seine Konzentration aufrechterhält und sich nicht oder nicht mehr so leicht ablenken lässt. Einer dieser Tipps bezog sich darauf, dass man seine Leistungshoch- und Leistungstiefs kennen sollte. Und dass man nach dem Mittagessen sehr gut einen kurzen Schlaf einlegen kann, da man nach diesem wieder sehr konzentriert arbeiten kann. Und weil man nach dem Mittagessen sehr leicht einschlafen kann bzw. ohne den Schlaf auch nicht so viel Energie zur Verfügung hat, vergleichsweise langsam arbeitet und sich nicht so richtig konzentrieren kann. Natürlich hat nicht jeder die Möglichkeit hierfür, einige aber schon. Später habe ich dann Methoden vorgestellt, mit denen sich die Konzentration langfristig verbessern lässt. Zu diesen Methoden zählte im ersten Schritt die Meditation, bei der man sich nur auf eine Sache lernt zu konzentrieren. Eine andere Möglichkeit, die ich später vorgestellt habe, war das Lesen von Büchern. Hierbei handelt es sich um eine sehr einfache Möglichkeit um seine Konzentration zu verbessern, da man sich nicht zwingen muss sich auf das Lesen zu konzentrieren. Beim Lesen konzentriert man sich in den meisten Fällen, die Voraussetzung hierfür ist ein Buch, welches einen auch interessiert, automatisch auf das Druckwerk das man gerade am Lesen ist.

Doch nun kommen wir zum Abschluss dieses Kapitels und zu einem neuen Kapitel. Im nächsten Kapitel wird es um verschiedene Methoden gehen, welche es für das Zeitmanagement gibt. Hierbei handelt es sich um eine ganze Reihe von Methoden, welche von Forschern und anderen Menschen, die sich mit dem Zeitmanagement und der Selbstorganisation beschäftigen, entwickelt wurden. Jedoch werde ich diese Methoden nicht einfach nur vorstellen. Ich werde auch ihren Nutzen erklären und sagen, ob ich diese Methoden für sinnreich halte oder nicht. Manchmal sind diese Methoden auch nur dann sinnvoll, wenn gewisse Voraussetzungen hierfür erfüllt sind. Eine Tatsache ist allerdings auch, dass manche dieser Methoden einem Irrglauben ausgesetzt sind, und meiner Meinung nach deshalb nicht genutzt werden sollten. Jedoch werde ich auch diese Aufgaben in diesem Buch erwähnen. Der Grund hierfür ist ganz einfach: Die Wahrscheinlichkeit ist hoch, dass Sie von diesen Methoden hören werden, und diese dann nutzen, auch wenn Ihnen dies keinen Vorteil oder sogar einen Nachteil bringt. Und eben vor diesem Fehler würde ich Sie, wenn möglich, gerne bewahren können. Ob Sie auf meine Meinung hören bleibt natürlich einzig und alleine Ihnen überlassen.

Also, lassen Sie uns jetzt mit dem nächsten Kapitel über verschiedene Methoden für das Zeitmanagement reden.

Kapitel 10

Regeln und Methoden für das Zeitmanagement

Wie gerade schon erwähnt, gibt es eine ganze Reihe an Regeln, welche für das Zeitmanagement von anderen Menschen aufgestellt wurden, und auch Methoden mit denen man sein Zeitmanagement verbessern können soll. Allerdings hatte ich auch schon erwähnt, dass ich nicht von allen diesen Methoden eine gute Meinung habe oder diese sich nur unter bestimmten Voraussetzungen nutzen lassen. Eine dieser Methoden habe ich in diesem Buch bereits genannt und vorgestellt. Hierbei handelte es sich um die sogenannte Eisenhower Matrix. Meine Meinung zu dieser Matrix ist gespalten, da ich sie auf der einen Seite für sinnvoll halte, sie meines Erachtens nach aber etwas modifiziert werden sollte, um sie richtig nutzen zu können. Dass man einfach manche Aufgaben überhaupt nicht macht halte ich nicht für sinnvoll, bei manchen Aufgaben geht dies nämlich einfach nicht. Außerdem hat auch nicht jeder Mensch Mitarbeiter oder andere Menschen, an denen man bestimmte Aufgaben delegieren kann. Dementsprechend eignet sich die Eisenhower Matrix nur für Menschen in einer Führungsposition, welche dementsprechend auch die Möglichkeit haben bestimmte Aufgaben an andere Menschen zu delegieren. Die Eisenhower Matrix ist ein hervorragendes Beispiel für eine Methode, die man meiner Meinung nach nutzen kann, aber nur in bestimmten Situationen und auch nur dann, wenn gewisse Voraussetzungen erfüllt sind, damit die Methode auch sinnvoll genutzt werden kann.

Kommen wir nun zu der ersten Regel die ich Ihnen vorstellen möchte, und die ich auch für sinnvoll halte: Hierbei handelt es sich um die sogenannte 72 Stunden Regel. Bei dieser Regel geht es darum, dass man mit allen Dingen, die man sich vornimmt, innerhalb der nächsten 72 Stunden beginnen muss. Denn wenn man dies nicht tut, dann sinken die Chancen, dass man diese Dinge, die man sich vorgenommen hat noch erledigt, recht nahe gegen Null. Natürlich gibt es auch Aufgaben, welche man sich aufschreibt und die erst in einiger Zeit fertig werden müssen. Wenn man die Zeit dazu hat spricht allerdings auch nichts dagegen, dass man innerhalb der nächsten 72 Stunden wenigstens mit diesen beginnt. Die Wahrscheinlichkeit, dass man sich eine Sache vornimmt und dass man diese wirklich nicht innerhalb der nächsten 72 Stunden beginnen sollte, ist wirklich nur sehr gering. Bei einer Sache, die man sich vornimmt, handelt es sich immer um eine Sache, die man recht schnell beginnen sollte. Hier geht es dann darum diese Sachen von Aufgaben die es zu erledigen gibt zu unterscheiden, denn diese können durchaus auch zu einem späteren Zeitpunkt erledigt werden müssen. Der Grund dafür, dass man eine Sache, die man sich vorgenommen hat, nicht innerhalb der nächsten 72 Stunden erledigt, ist eigentlich immer der Gleiche: Es handelt sich einfach um fehlende Entschlossenheit, kombiniert mit dem inneren Schweinehund, und auch mit einer zu großen Bequemlichkeit. Wenn man alle diese Dinge miteinander kombiniert, dann kann es einem durchaus schwer fallen mit einer Sache zu beginnen. Aber dennoch muss man dies kurzfristig tun. Hierbei finde ich die 72 Stunden, was ja drei ganze Tage darstellt, eigentlich schon für ein sehr langes Zeitfenster. Genau genommen würde ich sagen, dass man mit einer Sache, die man sich vornimmt, wenn nicht absolut etwas dagegenspricht, noch am gleichen Tag, an dem man sich die Sache vorgenommen hat, beginnen sollte. Wenn man diese Sache nicht mehr an dem jeweiligen Tag erledigen kann, beispielsweise deshalb, weil es einfach schon zu spät hierfür ist, dann verschiebt man dies halt auf den nächsten Tag. Aber dann sollte man schon mit dieser Sache beginnen, und sie nicht ständig vor sich hinschieben.

Nach der gerade besprochenen 72 Stunden Regel möchte ich Ihnen nun eine Methode aus dem Zeitmanagement vorstellen. Hierbei handelt es sich um die sogenannte SMART Methode. Diese Methode sagt mit ihrem Namen eigentlich schon alles, was man über sie wissen muss, denn das Wort „SMART" kommt aus dem Englischen und lässt sich im Deutschen mit dem Wort „klug" übersetzen. Es handelt sich also um eine kluge Methode, und es ist klug diese auch zu nutzen. Hierbei kann ich auch durchaus zustimmen, da ich diese Methode selber auch für sehr gut und sinnvoll halte. Die SMART Methode ist für das Setzen von Zielen zu benutzen. Mit der SMART Methode formuliert man seine Ziele richtig, sodass es auch sehr realistisch wird, mit diesen erfolgreich zu sein und diese zu erreichen. Die SMART Methode hilft einem also beim Erreichen von Zielen verschiedenster Art. Das S steht hierbei für das Wort spezifisch. Man soll ein Ziel so genau wie irgendwie möglich formulieren. Dies halte ich auch für sehr sinnvoll, da man so den Weg, den man zu diesem Ziel zurücklegen muss, möglichst gut planen kann. Ein Beispiel hierfür wäre beispielsweise, dass man sich nicht einfach nur das Ziel setzen sollte, im Beruf erfolgreich zu sein und auf diese Art eine höhere Position zu bekommen. Man sollte sich stattdessen vornehmen, dass man eine konkrete höhere Position im Unternehmen, in dem man arbeitet, bekommt. Oder man nimmt sich vor, dass man sportlicher werden will. Hierbei sollte man sich nicht einfach nur das Ziel setzen sportlicher zu werden, sondern ein konkretes messbares sportliches Ziel zu erreichen. Hier kann es sich beispielsweise um das Ziel handeln, dass man das nächste Sportabzeichen in Bronze, Silber oder Gold schafft. Somit hat man ganz konkrete Werte, welche man sich im Internet heraussuchen kann, und die man dann schaffen muss. So ist die Wahrscheinlichkeit, dass man sein Ziel erreicht und tatsächlich sportlicher wird viel höher, als wenn man sich einfach nur vornimmt, irgendwie sportlicher zu werden. Das M wiederum steht für das Wort messbar. Es soll sich um ein Ziel handeln, welches sich auf messbare Fakten beruft. Wenn man sich also vornimmt, in Zukunft mehr Geld zu verdienen, dann nimmt man sich nicht nur vor mehr Geld zu verdienen, sondern man nimmt sich vor, dass man so oder so viel Geld mehr verdienen will. Also eine konkrete Steigerung des Gehaltes, welches man erhält, am besten in Form einer Prozentzahl. Letztendlich macht man dies eigentlich auch schon dann, wenn man sich sein Ziel konkret vorstellt. Beispielsweise ist es beim Beispiel des Sportabzeichens auch schon so, dass man ganz konkrete Werte hat, die es gilt innerhalb eines bestimmten Zeitraums, und zwar der Zeit bis zur nächsten möglichen Abnahme des Sportabzeichens, zu erreichen. Das A steht nun für attraktiv. Man soll sich Ziele so vornehmen, dass sie einem attraktiv erscheinen und man auf diese Weise den Willen hat, sie zu erreichen. Das Thema Attraktivität hatte ich eigentlich schon an vielen Stellen in diesem Buch genannt, denn es handelt sich auch um das Ziel sich für eine Sache motivieren zu können. Nur wenn man sich für eine Sache richtig begeistert, kann man auch alle Energie daransetzen, diese Sache oder dieses Ziel zu erreichen. Und wenn ein Ziel einem nicht so wirklich attraktiv erscheint, dann wird man dieses vermutlich auch nicht erreichen, da man nicht am Erreichen dieses Ziels arbeitet. Wobei sich dann natürlich auch noch so oder so die Frage stellt, wieso man dieses Ziel überhaupt erreichen will. Vielleicht verlangen andere Menschen von einem, dass man dieses Ziel erreichen soll, und es handelt sich überhaupt nicht um den eigenen Willen, den man mit dem Versuch dieses Ziel zu erreichen, umsetzen will. Dann wird man sein Ziel auch nicht erreichen. Fragen Sie sich also vorher ganz genau, was für Vorteile Sie genau haben werden und wie wichtig es Ihnen ist, das Ziel zu erreichen. Und rufen Sie sich dieses auch immer wieder in Erinnerung, gerade dann, wenn Sie Schwierigkeiten haben, sich für die Arbeit, die zum Erreichen dieses Ziels notwendig ist, zu motivieren. Denn das Erreichen eines Ziels ist immer mit einer gewissen Anstrengung verbunden, gegen die der innere Schweinehund mit hoher Wahrscheinlichkeit versuchen wird anzukämpfen.

Die nächste Regel, die ich Ihnen vorstellen möchte, ist die sogenannte 40-30-20-10 Regel. Bei dieser geht es darum, dass man mit ihr die einem zur Verfügung stehende Zeit richtig priorisieren soll. Ich hatte bereits mit Ihnen besprochen, dass es wichtig ist, dass Sie die richtigen Prioritäten setzen, um in Ihrem Leben weiter zu kommen. Diese 40-30-20-10 Regel soll sich für die Einteilung der Zeit für die jeweiligen Aufgaben eignen. 40 Prozent der Zeit, die einem am Tag als Arbeitszeit zur Verfügung steht, sollte man für die Aufgabe mit der höchsten Wichtigkeit einsetzen, 30 Prozent für die zweitwichtigste, 20 Prozent für die drittwichtigste und nur 10 Prozent für alle Aufgaben. Ich halte von dieser Einteilung allerdings nicht so wirklich viel. Sie macht zwar relativ klar deutlich, dass man sich richtige Prioritäten setzen muss, und das man nicht viel Zeit und Energie in weniger wichtige Aufgaben stecken sollte. Allerdings kann ich keinem raten, sich genau an diese Aufteilung zu halten. Zum einen ist es Schwachsinn, wenn man sagt, dass man für die wichtigste Aufgabe genau 40 Prozent, für die zweitwichtigste genau dreißig Prozent und für die drittwichtigste genau 20 Prozent seiner Zeit einsetzen soll. Denn eine Aufgabe muss nicht viel Zeit verlangen, nur damit sie wichtig ist. Es kann auch sein, dass Sie mit Ihrer wichtigsten Aufgabe, die Sie am Tag haben, bereits innerhalb einer halben Stunde fertig sind. Sie wüssten überhaupt nicht, was Sie mit der restlichen Zeit, die sich bei einem normalen Arbeitstag von acht Stunden auf fast vier Stunden belaufen würde, anfangen sollten. Somit ist es meiner Meinung nach richtig, dass man sehr viel Zeit für wichtige Aufgaben einplant und den Fokus auf diese legt, einfache

Aufgaben eher hintenanstellt. Aber dennoch ist es nicht wie bei dieser Regel richtig, seine Zeit komplett schwachsinnig einzuteilen. Letztendlich halte ich von diesem System auch ansonsten wenig. Beispielsweise geht es pauschal davon aus, dass es nur drei wirklich wichtige Aufgaben gibt, die man an einem Tag zu erledigen hat. Dies wird in manchen Fällen stimmen, in anderen Fällen hat man nur weniger wichtige Aufgaben, die dann eventuell auch einfach so viel Zeit kosten, dass man nicht mehr Aufgaben erledigen kann. Oder man hat noch weitere wichtige Aufgaben und nicht nur drei. Dementsprechend halte ich von dieser Regel nicht wirklich viel, sie ist für mich aus vielerlei Hinsichten nicht sinnvoll und auch unsinnig. Zustimmen könnte ich dieser Aufzählung in der Hinsicht, dass man 40 Prozent der Energie für die wichtigste Aufgabe nutzt usw. Das ist dann tatsächlich richtig, da man die richtigen Prioritäten setzen muss. Ich hatte auch bereits erwähnt, dass man zu bestimmten Uhrzeiten des Tages effektiver arbeiten kann als zu anderen. Beispielsweise, dass man nachmittags nicht wirklich viel schafft, da in dieser Zeit die ineffektive Phase nach dem Mittagessen und auch vor dem Ende der Arbeit fällt. Denn zum Ende hin kann man sich nicht mehr richtig konzentrieren, da man zum einen erschöpft ist und zum anderen bereits an Dinge die man nach der Arbeit macht denkt. Dies sollte man natürlich nicht, aber es lässt sich auch nicht ganz vermeiden. Bei der 40-30-20-10 Regel handelt es sich also um eine Regel, die meiner Meinung nach nur mit ganz starken Einschränkungen sinnvoll ist. Hier können Sie sich dann besser an die Einteilung der Aufgaben über den Tag hinweg und die Prioritäten halten, welche ich in diesem Buch Ihnen bereits genannt habe.

Eine weitere bekannte Regel ist die sogenannte Pareto Regel, häufig auch als Pareto-Prinzip oder Pareto-Effekt bekannt. Hierbei handelt es sich um eine Regel, nach dem 20 Prozent für 80 Prozent zuständig sind. Beispielsweise sind nach diesem Prinzip zwanzig Prozent der Mitarbeiter eines Unternehmens für 80 Prozent des Umsatzes oder auch des Gewinnes zuständig. Somit gibt es ein extrem ungleiches Verhältnis zwischen dem Aufwand und dem Ertrag, denn die restlichen Arbeitenden haben den gleichen Aufwand für ein viel geringeres Ergebnis, obwohl sie viel mehr sind als diese zwanzig Prozent. Diese Regel lässt sich auch noch auf sehr viele andere Bereiche übernehmen, beispielsweise auf den Straßenverkehr, wo auf 20 Prozent der Straßen 80 Prozent der Autos fahren. Somit gibt es in sehr vielen Bereichen dieses extreme Ungleichgewicht. Und dieses soll man nun auch auf das Zeitmanagement übernehmen. So heißt es, dass man mit 20 Prozent der Leistung, schon 80 Prozent einer Aufgabe erledigen kann. Dies soll in erster Linie darauf hindeuten, dass man sich nicht zu sehr in Details verlieren sollte und auch die Suche nach Perfektion nicht sinnvoll ist. Denn diese nimmt einem sehr viel Zeit weg, welche man lieber sparen sollte, um so eine höhere Quantität zu erreichen. Im Grunde besagt dieses Prinzips nichts Anderes, als das man die Qualität etwas herunterschreiben sollte, umso eine viel höhere Produktivität zu erlangen. Mit 20 Prozent des Einsatzes lassen sich bereits 80 Prozent der Ergebnisse erzielen. Nun muss man sagen, dass dies häufig stimmt. Zu häufig ackert man bei einer Aufgabe an den Details und konzentriert sich nicht auf das eigentlich wichtige dieser Aufgabe. Aber letztendlich kann diese Regel auch sehr leicht falsch interpretiert werden. Man kann sie auch so verstehen – und viele Menschen verstehen sie genauso – dass man in seinem Leben überhaupt nicht so viel Einsatz bringen muss. Da man mit einem geringen Zeitaufwand oder auch einem geringen Anstrengungslevel bei der Arbeit, bereits ein sehr gutes Ergebnis erzielt, und es sich doch nicht lohnt, für dieses zusätzliche bisschen so viel zu arbeiten wie man es möchte, um es zu erreichen. Aber diese Interpretation führt nur dazu, dass man weniger schafft und ist auch nicht richtig. Denn es geht nicht darum, dass man nur seine Qualität senkt, um sich auf diese Art, ein angenehmes Leben mit nur wenig Arbeit zu machen. Vielmehr geht es bei dieser Taktik darum, dass man seine Quantität durch etwas weniger Qualität stark erhöht und auf diese Art in seinem Leben wesentlich weiterkommt. Aber letztendlich ist es auch in Wirklichkeit nicht so, dass man mit nur zwanzig Prozent bereits 80 Prozent erreichen kann. Hierbei handelt es sich nicht nur um eine sehr motivierte Einschätzung, sondern schon um eine komplett übertriebene, welche keinen Sinn mehr ergibt. Dementsprechend sollten Sie diese Zahl nicht zu ernst nehmen, sondern diese Regel einfach in dem Sinn nutzen, dass Sie in Zukunft darauf achten, sich auf die wirklich wichtigen Dinge zu konzentrieren und sich bei den Aufgaben, die Sie haben, nicht zu sehr in Details verlieren und auch nicht immer Perfektion von sich erwarten sollten, da diese sehr viel Zeit kostet. Übrigens lässt sich dieses Prinzip auch in der Hinsicht interpretieren, dass Menschen, die immer extrem viel arbeiten und ihre Freizeit hintenanstellen, längst nicht so viel arbeiten müssten, wie sie dies eigentlich tun, da sich ihr Ergebnis hierdurch nicht wirklich verändern würde. Diese sollten lieber etwas weniger genau arbeiten, um ähnlich gute Ergebnisse zu erzielen. Da diese Menschen nun längst nicht mehr so viel arbeiten müssten und auch mal die Zeit hätten, um sich unter ihrem Gehirn eine Pause zu geben, hätten sie am Ende sogar bessere Ergebnisse erreicht. Dementsprechend setzen Sie nicht zu viel Zeit für die Perfektion ein und sehen Sie auch, dass Sie mit weniger Zeitaufwand, häufig das gleiche Ergebnis erzielen und nicht länger arbeiten müssen, um noch das letzte Bisschen aus sich heraus zu kitzeln und dann am Ende bei einem Burnout landen. Denn dann ist es mit der Karriere so oder so vorbei, egal wie viel Zeit und Energie Sie vorher in Ihre Arbeit gesteckt haben. Und zuletzt stellt sich dann auch noch die Frage, ob diese Art wirklich wichtig ist. Denn für Dinge im Privatleben, wie die eigene Familie, bleibt kaum noch Zeit übrig, wenn man ohne Ende den ganzen Tag arbeitet. Somit wird man vielleicht im Job erfolgreich sein, aber auch das wird einen auf die Dauer wohl kaum glücklich machen. Und dieses Glück ist ja letztendlich das Ziel aller Menschen und das Ziel allem Strebens der Menschen.

Eine weitere bekannte Methode ist die sogenannte 10 10 10 Methode. Diese soll einem beim Treffen von Entscheidungen helfen. Wenn man eine Entscheidung treffen muss, dann soll man sich vorher überlegen, welche Konsequenzen dies hat. Und zwar die Konsequenzen in 10 Minuten, in 10 Monaten und in 10

Jahren. Auf diese Art soll man zu besseren Entscheidungen gelangen, welche auch für eine langfristige Sicht positiv sind und nicht nur kurzfristig. So könnte man sagen, dass das Lesen dieses Buches Ihnen langfristig etwas bringen wird, vorausgesetzt Sie arbeiten in Ihrem Alltag an den Dingen, die Sie hier im Buch finden. Auf der anderen Seite würde es Ihnen nichts bringen, für einige Minuten sinnlos im Internet herum zu surfen. Eine Ausnahme wäre hier, wenn Sie im Internet etwas Sinnvolles tun würden, beispielsweise eine Nachrichtenseite aufrufen, auf der Sie erfahren, was gerade so in Deutschland und in der Welt vor ich geht. Wobei auch dies keine wirklich langfristigen Auswirkungen hat, wenn man ehrlich ist. Ob man diese Möglichkeit im Alltag wirklich anwenden kann, ist eine andere Sache. Meiner Meinung nach sind zehn Jahre eine viel zu lange Zeitspanne und auch eher zufällig gewählt. Sinnvoller ist es meiner Meinung nach, wenn man einfach nur sagt, dass man nicht nur auf die kurzfristigen Auswirkungen einer Entscheidung schauen soll, sondern auch auf die langfristigen Auswirkungen. Denn, dass was sich im ersten Moment kurzfristig gesehen gut anhört, ist in vielen Fällen langfristig dann doch nicht mehr so sinnvoll. Auf der anderen Seite ist es aber auch so, dass man nur bei sehr wichtigen Entscheidungen so genau nachdenken sollte. Denn die meisten Entscheidungen trifft man unbewusst, ohne hierüber nachzudenken. Denn wenn man immer über jede Entscheidung nachdenken und die Vor- und Nachteile dieser abwägen würde, dann wäre man irgendwann mit dem ganzen Nachdenken komplett überfordert und würde nicht mehr über wirklich wichtige Dinge nachdenken können. Letztendlich sollte man so oder so öfter auf sein Gefühl hören. Denn dieses ist nicht einfach nur ein Gefühl, sondern eine Entscheidung, die man in seinem Unterbewusstsein getroffen hat und die häufig sogar besser ist als die Entscheidung, welche man erst durch langes Nachdenken erreicht. Zusammengefasst halte ich von dieser 10-10-10 Methode nicht wirklich viel. Man kann aus ihr eigentlich nur herausnehmen, dass man bei wichtigen Entscheidungen auch auf die langfristigen und nicht nur auf die kurzfristigen Effekte dieser Entscheidung schauen sollte. Aber die Regel genauso zu befolgen wie sie eigentlich gedacht ist, das halte ich nicht für wirklich notwendig.

Als nächstes kommen wir zu der Jerry Seinfeld Methode. Jerry Seinfeld ist ein in den Vereinigten Staaten sehr bekannter Comedian. Dieser hat sich vorgenommen, jeden Tag einen neuen Witz zu schreiben. Hierfür hat er einen Kalender an der Wand hängen und kreuzt jeden Tag ab, an dem er einen Witz geschrieben hat. Nun ist es so, dass er an den Tagen, wo er eigentlich keine Lust hat einen neuen Witz zu erfinden, sich diese Kette anschaut. Und sich fragt, ob er diese lange Kette, welche zeigt, dass er lange erfolgreich war, wirklich unterbrechen will. Meistens hat ihn dies dazu gebracht, dass er doch einen Witz geschrieben hat, was er ohne diesen Kalender mit den Kreuzen eventuell aus Bequemlichkeit nicht getan hätte. Und man selbst kann diese Methode auch nutzen. Natürlich nicht dafür, jeden Tag einen neuen Witz zu schreiben. Aber das mit dem neuen Witz ist letztendlich nur ein Vorhaben, welches Jerry Seinfeld sehr wichtig war, und dass er deshalb umgesetzt haben wollte. Und jeder Mensch hat solche Vorhaben. Dies könnte beispielsweise das Vorhaben sein, welches ich Ihnen schon genannt habe, und zwar das Aufstehen direkt nach dem Klingeln des Weckers. Viele Menschen nehmen sich auch vor, regelmäßig, zum Beispiel alle zwei Tage, Sport zu treiben. Nur wird es in manchen Fällen garantiert so sein, dass man nicht wirklich motiviert ist, Sport zu treiben. Hier hilft dann auch ein solcher Kalender einem weiter, an dem man sieht, wie lange man es schon geschafft hat, regelmäßig Sport zu treiben. Wenn man sich dann vorstellt, ob es sich wirklich lohnt, der Bequemlichkeit wegen, heute keinen Sport zu treiben und diese Liste abbrechen zu lassen, wird man fast immer dazu kommen, dass man doch Sport treibt, auch wenn man an dem jeweiligen Tag nicht so motiviert ist, dies zu tun. Diese Methode halte ich für durchaus sinnvoll und gut zu benutzen. Gerade dann, wenn man sich eine neue Gewohnheit zulegen will oder auch eine schlechte Gewohnheit hinter sich lassen möchte, beispielsweise das Essen von Chips oder Süßigkeiten abends vor dem Fernseher. Durch diese Visualisierung in Form des Kalenders hat man eine wesentlich höhere Motivation weiter zu machen, und man hat sehr gute Chancen sich eine neue Gewohnheit anzueignen oder eine schlechte fallen zu lassen. Dementsprechend bin ich auf jeden Fall für diese Methode und kann Sie Ihnen wirklich empfehlen, denn neue Gewohnheiten sind für mich das Wichtigste auf dem Weg zu mehr Effektivität und somit auch auf dem Weg zu einem besseren Zeitmanagement.

Eine weitere sinnvolle Methode stellt die Not-to-do Liste dar. Höchstwahrscheinlich werden Sie die Bezeichnung To-Do Liste schon einmal, oder vermutlich auch schon mehrmals, gehört haben. Letztendlich habe ich sie in diesem Buch auch schon oft genug angesprochen und auch gesagt, wie sie aussehen sollte, also in welcher Reihenfolge man die Aufgaben, die einem am Tag erwarten, beispielsweise sortieren sollte. Nun ist es natürlich auch so, dass es neben den Dingen, welche man an einem Tag tun will oder soll, auch Dinge gibt, welche man nicht tun sollte. Und diese können dann auf einer sogenannten Not-To-Do Liste aufgeschrieben werden, mit der man sich klarmacht, welche Dinge man an einem Tag eben nicht machen will. Auch diese Methode halte ich für sehr sinnvoll und gut, da sie einem hilft, schlechte Gewohnheiten abzulegen und sich jeden Tag Zeit zu sparen. Auf einer Not-to-do-Liste könnte beispielsweise stehen, dass man keine Zeit sinnlos an seinem Smartphone verschwenden will oder nicht so viel Kaffee trinken will, da dieser, wie ich Ihnen schon gesagt habe, zwar kurzfristig einen guten Effekt hat, langfristig aber einen schlechten. Diese Methode ergänzt sich sehr gut mit der Jerry-Seinfeld Methode, welche ich Ihnen gerade näher erläutert habe. Letztendlich gilt ja so oder so, dass sich alle Dinge in diesem Buch in irgendeiner Form ergänzen. Das gute an einer Not-To-Do-Liste ist es auch, dass man diese einmal erstellen und sie danach eigentlich auch überhaupt nicht mehr abändern muss. Dennoch sollte man sich von Zeit zu Zeit Gedanken machen, ob diese Liste noch aktuell ist oder ob es noch andere Sachen gibt, welche auf diese Liste kommen sollten, und man andere Dinge streichen kann, weil man sich diese bereits abgewöhnt hat. Aber sie macht einen viel geringeren Aufwand als eine To-Do-Liste, welche man jeden Abend für den nächsten Tag erstellen sollte, um alle Aufgaben für den nächsten Tag in einer sinnvollen Reihenfolge abarbeiten zu können.

Eine weiter sehr beliebte Methode ist die 60-60-30 Methode. Diese bezieht sich auf die Pausen, welche man machen möchte und auf die Zeiten, in denen man bei voller Konzentration sehr effektiv arbeiten will. Für eine Dauer von 55 Minuten konzentriert man sich bei dieser Methode und macht dann eine Pause von nur fünf Minuten, in der man sich kurz bewegt oder etwas zu trinken zu sich nimmt. Auf diese Pause folgen dann wieder 60 Minuten, in denen man sich voll konzentriert und sehr effektiv arbeitet. Und auf diese Arbeitsphase folgt dann eine durchaus sehr lange Pause von ganzen 30 Minuten, welche dafür genutzt wird, sich von all der Konzentration zu erholen. Im Grunde handelt es sich bei dieser Methode um eine Empfehlung für die Einteilung der Zeit. Sie eignet sich logischerweise nur für Menschen, welche freiberuflich arbeiten und sich deshalb ihre Zeit sehr genau einteilen können. Für Arbeitnehmer im Büro ist diese Methode normalerweise nicht durchführbar, da sich wohl kaum ein Chef darauf einlassen wird, dass man eine ganze halbe Stunde Pause macht. Ich halte diese Methode aber deshalb für sinnvoll, weil sie eine sehr lange Pause einplant, welche wirklich lang genug ist, damit man sich wieder vollständig erholt und danach wieder einen zwei Stunden Block folgen lassen kann, in dem man sich stark auf seine Aufgaben konzentriert. Mit dieser

Methode wird man sehr schnell sehr gute Ergebnisse erzielen können. Die genaue Einteilung in zweimal sechzig Minuten und dann einer halben Stunde Pause ist allerdings nicht unbedingt die, die ich empfehlen würde. Für die Pausen- und Arbeitsphasen gibt es ganz unterschiedliche Systeme. Eine andere Methode sieht vor, dass man sich fünfundzwanzig Minuten lang konzentriert, dann fünf Minuten Pause macht und dies vier Mal, also insgesamt zwei Stunden lang, wiederholt. Nach diesen etwa zwei Stunden macht man dann zwanzig Minuten Pause. Die genaue Einteilung der Zeit, in der man arbeitet und der Zeit in der man Pause macht, sehe ich allerdings nicht als sinnvoll an, da man je nach Aufgabe mal etwas länger oder etwas kürzer bei voller Konzentration arbeiten sollte, und sich dann auch mal eine etwas längere Pause gönnen kann. Wie lange diese ist, sollte man ebenfalls nicht genau festlegen, sondern man sollte dann weiterarbeiten, wenn man sich wieder voll konzentrieren kann. Dementsprechend macht es für mich letztendlich keinen Sinn, eine so starre Aufteilung der Zeit wie bei der 60-60-30-Methode zu nutzen, man sollte sich seine Pausen freier einteilen können. Wenn man gerade voll konzentriert ist und schnell mit seiner Arbeit vorwärts kommt, macht es keinen Sinn, eine Pause einzulegen, weil dies gerade auf dem Zeitplan so steht.

Die One Minute To-DO Liste von Michael Linenberger ist ebenfalls sehr bekannt und wird häufig empfohlen sowie genutzt. Vorweg kann ich sagen, dass ich sie auch sinnvoll finde. Sie ergänzt sich sehr gut zu den Dingen, welche ich Ihnen in diesem Buch bereits beigebracht habe. Und zwar handelt es sich hierbei um eine Methode, um Aufgaben nach ihrer Wichtigkeit zu sortieren und alles Wichtige auf jeden Fall erledigt zu haben. Bei dieser Methode teilt man seine Aufgaben in drei Kategorien ein. Zuerst gibt es die Aufgaben, welche auf jeden Fall am nächsten Tag erledigt werden müssen. Hierbei handelt es sich um Sachen, bei denen es überhaupt keine andere Möglichkeit gibt, als sie am nächsten Tag zu erledigen. Selbst dann, wenn man am nächsten Tag wesentlich länger arbeitet, als man dies eigentlich sollte. Natürlich sollte dies zu keinem Dauerzustand werden. Aber wenn man mal einen Tag zwei Stunden länger arbeitet, sollte dies auch kein großes Problem darstellen. Hauptsache man bekommt diese Aufgaben fertig. Man baut sich hierdurch auch einen gewissen Druck auf. In der zweiten Kategorie werden bei dieser Methode die Aufgaben gesammelt, welche zwar wichtig sind, aber die nicht unbedingt direkt am nächsten Tag erledigt werden müssen. Diese macht man dann, wenn nach den wichtigen Aufgaben noch Zeit vorhanden ist. Wobei man, wie schon an anderer Stelle in diesem Buch erwähnt, auch bei diesen Aufgaben die Zeit, die einem für sie zur Verfügung steht im Auge behalten muss, damit man sie nicht vergisst oder sie nicht plötzlich zu ganz dringenden Aufgaben werden, die man sofort erledigen muss. In der letzten Kategorie landen dann eher unwichtige Aufgaben, welche man zwar auch erledigen muss, aber keinen Druck hat diese schnell erledigen zu müssen und die man zur Not auch vergessen könnte, ohne dass dies gleich eine Katastrophe darstellen würde. Hierbei soll es sich dann auch um einfache Aufgaben handeln, beispielsweise das Aufräumen des Büros. Diese

Aufgaben kann man dann erledigen, wenn man sich überhaupt nicht mehr konzentrieren kann oder keine Motivation kurz vor Ende der Arbeit hat, noch eine wichtige Aufgabe anzugehen. Ich halte diese Methode und diese Aufteilung für sehr sinnvoll, wobei ich sie in diesem Buch eigentlich im Großen und Ganzen auch schon vorgeschlagen habe.

Die Kanban Methode ist eine Methode, die Sie für sich selber nur begrenzt nutzen können. Dennoch finde ich Sie so gut, dass ich Sie auf jeden Fall erwähnen möchte, auch wenn nur wenige Menschen von dieser profitieren können. Sie können Ihre Vorgesetzten aber durchaus mal auf diese Methode ansprechen, um bei diesen positiv in Erscheinung zu treten und auf diese Art eventuell schneller die Karriereleiter hochklettern. Aber Sie können Sie auch benutzen, wenn Sie sich selber in einer Führungsposition befinden und beispielsweise eine Abteilung eines Unternehmens leiten. Vielleicht ist Ihnen schon der etwas ungewöhnlich, vielleicht auch schon asiatisch klingende Name dieser Methode aufgefallen. Dies liegt daran, dass die Kanban Methode aus Japan stammt. In Japan herrscht eine sehr starke und gute Arbeitsmoral, viele Japaner arbeiten sehr effektiv und auch sehr viel. Tatsächlich übertreiben es die Japaner hierbei sogar, da es in Japan sehr viele Menschen gibt, die total überarbeitet sind. Der Tod durch Überarbeitung ist in Japan so häufig, dass es sogar ein eigenes Wort für ihn gibt. Dementsprechend sollte man sich ganz sicher nicht alles bei den Japanern abschauen. Aber es gibt durchaus Dinge, welche man aus der japanischen Arbeitswelt übernehmen kann, um effektiver zu werden. Und zu diesen Dingen gehört ganz sicher auch die Kanban Methode. Diese wird vor allem in großen Unternehmen genutzt, eignet sich aber durchaus auch für kleinere Unternehmen oder auch für Abteilung eines großen Unternehmens. Sie passt sehr gut, um die Arbeitsprozesse zu steuern und dafür zu sorgen, dass alle Mitarbeiter einer sinnvollen Aufgabe nachgehen. Durch die Einführung dieser Methode kann sich die Effektivität der Mitarbeiter eines Unternehmens wirklich deutlich erhöhen. Außerdem ist sie auch sehr gut für den Chef oder den Vorgesetzten, da dieser einen sehr guten Überblick über die Dinge bekommt, welche schon erledigt wurden. Er kann somit alles kontrollieren und kommt nicht so schnell in schwierige Situationen, weil etwas nicht oder nicht richtig erledigt wurde. Für diese Methode braucht man ein Whiteboard, welches man in „zu erledigen", „in Arbeit" und „erledigt" aufteilt. Auf dieses Whiteboard klebt man nun Post-it-Zettel mit den einzelnen Aufgaben, die erledigt werden müssen. Ein Mitarbeiter schaut sich diese nun und entscheidet, welche Aufgabe er erledigen möchte und dies auch gut kann und schiebt den Zettel dann auf die In Arbeit Spalte. Wenn er fertig ist, klebt er den Zettel in die Spalte für Aufgaben, die bereits erledigt sind und der Chef oder Vorgesetzte kann dann schauen, was schon geschafft wurde und die Zettel vom Whiteboard entfernen. Letztendlich werden auf diese Art die Aufgaben sehr gut koordiniert und es wird auch dafür gesorgt, dass jeder Mitarbeiter sich aussuchen kann, welche Aufgaben er gerne erledigen möchte und welche Aufgaben er auch besonders gut erledigen kann. So arbeitet letztendlich jeder Mitarbeiter effektiver, weil er die für ihn selbst richtigen Aufgaben bekommt.

Natürlich eignet sich diese Methode auch nicht immer. Bei Unternehmen mit einer sehr genauen Aufteilung der Aufgaben auf jeweils einzelne Mitarbeiter ist eine solche Unterteilung der Aufgaben im Normalfall wohl eher nicht möglich. Statt des Whiteboards kann man für diese Verteilung und Koordination der Aufgaben auch Apps nutzen, beispielsweise eignet sich die App Trello hierfür. Dies hat den Vorteil, dass die Mitarbeiter nicht immer zum Whiteboard rennen, sondern einfach nur kurz in ihrem Büro auf das Smartphone schauen müssen. Wie schon gesagt lässt sich diese Methode nicht für einen privat nutzen, sondern nur in einem Unternehmen. Wenn Sie sich selbst in einer Führungsposition befinden kann diese Methode aber helfen, dass Ihre Abteilung erfolgreich ist und Sie beruflich schneller vorwärts kommen. Ansonsten kann genau dasselbe passieren, wenn Sie Ihrem Chef diese Methode vorschlagen und alle durch diese neue Methode schneller arbeiten, was für den Boss natürlich sehr wichtig ist.

Die letzte Methode, die ich Ihnen vorstellen möchte, ist die sogenannte stille Stunde. Wie ich Ihnen schon gesagt habe, sind das Schlimmste beim Arbeiten Störungen und Ablenkungen. Denn diese bringen einem immer und in jedem Fall aus dem Konzept, sodass man sich wieder neu in seine Aufgabe reindenken muss, wenn die Störung vorüber ist. Effektiv kann man auf diese Art nicht arbeiten. Zwar kann man sehr viele Störungen selber vermeiden, in dem man beispielsweise sein Smartphone auf lautlos stellt und es nicht immer ständig neben sich am Arbeitsplatz liegen hat. Aber alle Störungen kann man nicht beseitigen, beispielsweise kann auf dem Büro zumeist immer das Telefon gehen, sodass man wieder von seiner Aufgabe abgelenkt ist. Jeder, der im Büro arbeitet, hat es bestimmt schon einmal erlebt, dass ein Anruf nach dem anderen gekommen ist und man sich überhaupt nicht auf seine Arbeit konzentrieren konnte bzw. einfach nicht mit seiner Arbeit vorwärtsgekommen ist, weil ständig wieder aufs Neue das Telefon klingelt. Nun handelt es sich bei der stillen Stunde um eine Stunde, in der man diese ganzen Ablenkungen einfach mal nicht zulässt. In der man sein Telefon lautlos macht und keinen Menschen in sein Büro hineinkommen lässt. In dieser Stunde kann man sich sehr gut an besonders schwierige Aufgaben begeben, welche ein hohes Maß an Konzentration erfordern. Denn diese lassen sich in dieser Zeit sehr effektiv erledigen. Nun ist es leider so, dass viele Menschen es nicht schaffen, eine solche stille Stunde während der Arbeit einzulegen. Beispielsweise deshalb, weil das Telefon immer an sein und man immer ans Telefon gehen muss, wenn es schellt. Nun kann man seinen Chef oder Vorgesetzten fragen, ob man denn auch für einige Zeit das Telefon ausstellen kann, um sich richtig konzentrieren zu können. Vielleicht wird man hierzu die Erlaubnis bekommen, vielleicht aber auch nicht. Besser lässt sich diese Methode zuhause nutzen, gerade dann, wenn man auch im Homeoffice arbeitet. Hier kann man durchaus mal für eine konzentrierte Zeit sorgen, in der man wirklich nicht gestört wird. Ich selber arbeite beispielsweise auch sehr gerne nachts, gerade an komplizierten Dingen, da ich nachts zumeist in Ruhe arbeiten kann und auch nicht gestört werde. Versuchen Sie also für eine höhere Effektivität eine stille Stunde möglich zu machen. Wenn es nicht klappt, dann ist das zwar schlecht, aber dennoch hat es sich gelohnt, es zu versuchen, da es wirklich sehr gut ist, wenn man es schafft, eine solche stille Stunde einlegen zu können. Denn nie wird man so effektiv arbeiten können wie in dieser einen Stunde.

Kapitel 11

Zusammenfassung

So, an dieser Stelle ist auch das letzte Kapitel dieses Buches zu Ende. Eigentlich ist es schade, dass dieses Buch an dieser Stelle endet. Allerdings habe ich Ihnen in diesem Buch nun bereits alles erklärt, was Sie für Ihr Zeitmanagement und Ihre Selbstorganisation benötigen. Es gäbe nichts mehr, was ich Ihnen noch erklären könnte. Natürlich könnte ich auf gewisse Dinge noch genauer eingehen. Aber dies wäre wohl nicht wirklich sinnvoll, sondern eher eine Verschwendung der Zeit, die Ihnen zur Verfügung steht, und gerade diese sollen Sie in diesem Buch ja effektiv zu nutzen lernen. Am Ende dieses Buches möchte ich Ihnen nun noch eine Zusammenfassung der Inhalte dieses Buches liefern. Diese soll dazu dienen, dass Sie sich die Inhalte dieses Buches noch einmal in Erinnerung rufen können, um diese richtig umzusetzen. Natürlich müssen Sie hierfür auch mal in die eigentlichen Kapitel zurückgehen, aber auch diese Zusammenfassung wird Ihnen mit hoher Wahrscheinlichkeit bereits helfen. Bei dieser Zusammenfassung werde ich ganz chronologisch durch die einzelnen Kapitel dieses Buches gehen.

Das erste Kapitel dieses Buches begann damit, dass ich mit Ihnen über die Vorteile gesprochen habe, welche sich durch ein besseres Zeitmanagement ergeben. Diese Vorteile sollten Ihnen klarmachen, warum Sie dieses

Buch eigentlich lesen und an den Dingen, welche im Buch genannt werden, arbeiten sollten. Jeder Mensch hat eine unterschiedliche Motivation, wegen der er dieses Buch gekauft hat und ein besseres Zeitmanagement erlernen will. Vielleicht ist es bei Ihnen so, dass Sie sich einfach durch die vielen Aufgaben, die jeden Tag auf Sie warten, überfordert fühlen und es nicht mehr schaffen, diese alle zu erledigen. Vielleicht haben Sie auch Familie, haben aber jeden Tag sehr viele Dinge zu erledigen und deshalb ein schlechtes Gewissen, weil Sie das Gefühl haben, dass Sie es nicht mehr schaffen, sich richtig um Ihre Familie zu kümmern. Oder Sie arbeiten viel, schaffen es aber trotzdem nicht, in Ihrem Beruf vorwärts zu kommen. Auch hierbei kann das richtige Zeitmanagement sehr helfen. Ein Tipp an dieser Stelle: Wenn es an Ihrem derzeitigen Arbeitsort einfach nicht vorwärtsgeht, sollten Sie auch mal überlegen, ob dies überhaupt an Ihnen oder doch eher an Ihrem Arbeitgeber liegt. Wenn Sie zu dem Schluss kommen, dass in erster Linie Ihr Arbeitgeber Schuld ist an dieser für Sie nicht wirklich guten Situation, dann sollten Sie sich wirklich mal mit dem Gedanken eines Wechsels zu einem anderen Unternehmen beschäftigen. Denn häufig ist ein solcher Wechsel der Schub den es für die Karriere braucht, während man ohne den Wechsel nie so richtig vorwärts kommen wird, egal wie sehr man sich auch immer anstrengt. Doch zurück zu den Vorteilen: Wenn man zu viel Arbeit hat, dann hat man auch zu viel Stress. Und dieser Stress macht einen krank und führt im schlimmsten Fall zum sogenannten Burnout. Dementsprechend ist auch die Gesundheit ein Grund für ein besseres Zeitmanagement. Auch kann es sein, dass man ein bestimmtes Hobby hat, diesem aber einfach auf Grund des Mangels an Zeit, die einem zur Verfügung steht, nicht dazu kommt, diesem Hobby nachzugehen. Auch dies kann ein Grund dafür sein, dass man mehr Zeit zur Verfügung haben will. Und dies gelingt mit dem richtigen Zeitmanagement.

Im zweiten Kapitel ging es dann darum, wie man es schafft, effektiver zu arbeiten. Dieses Thema wurde im zweiten Kapitel erst einmal grob angeschnitten und behandelt. Auf die wichtigsten Punkte bin ich dann noch in anderen Kapiteln genauer eingegangen, beispielsweise auf das Thema der Konzentration, welche sehr wichtig für schnelles und effektives Arbeiten ist. In diesem Kapitel habe ich Dinge wie das Multitasking angesprochen, welches nie zu guten Ergebnissen führt. Auch wenn man das Gefühl hat, schneller vorwärts zu kommen, wenn man sich um mehrere Dinge gleichzeitig kümmert, kann man sich dennoch auf keines richtig konzentrieren. Wenn man sich immer nur auf eine Sache konzentriert und diese schnell abarbeitet, wird man mit allem wesentlich schneller fertig, als wenn man versucht mehrere Dinge gleichzeitig zu machen. Des Weiteren sollte man sich auch Fähigkeiten aneignen, welche schnelleres Arbeiten ermöglichen. Haben Sie beispielsweise schon gewusst, dass man nur das Kürzel „sgdh" benutzen muss, um „Sehr geehrte Damen und Herren" zu schreiben? Wenn Sie in Ihrem Büro häufig Mails mit dieser Anrede schreiben müssen, können Sie sich schon denken, wie viel Zeit Sie sich nun summiert sparen können. Und wie viel Zeit Sie jetzt schon verschwendet haben, weil Sie dies nicht wussten. Auch das Lernen von Tastenkombinationen ist sinnvoll. Ganz besonders wichtig ist, dass Sie das Zehn-Finger-Schreiben beherrschen, um effektiv am Computer arbeiten zu können. Ich würde mit diesem Buch überhaupt nicht vorwärts kommen, wenn ich das Zehn-Finger-Schreiben nicht beherrschen würde. Auch das Verhindern von störenden Dingen ist für die Effektivität wichtig, wie beispielsweise das Öffnen des Fensters bei schlechter Luft oder auch ein aufgeräumter Schreibtisch. Auch noch weitere wichtige Tipps habe ich in diesem Kapitel genannt, welche ich jetzt allerdings nicht mehr alle wiederholen werde.

Im dritten Kapitel ging es dann um das Thema Zeitverschwendung. Fast jeder Mensch macht jeden Tag Dinge, welche er eigentlich nicht machen sollte, aber dennoch macht. Dinge, welche einen nicht weiterbringen, die einem aber Zeit kosten. Wenn man nun seine Zeit effektiv nutzen will, sollte man diese Dinge natürlich auf jeden Fall sein lassen. Zuerst hatte ich hier ein privates Beispiel gegeben: Ich habe früher sehr oft die Snooze Funktion meines Handyweckers genutzt und hierdurch sehr viel Zeit verschwendet. Nun stehe ich direkt beim Klingeln des Weckers auf und spare mir auf diese Art eine ganze Menge an Zeit, die ich nun für andere Dinge zur Verfügung habe. Der größte Zeitverschwender überhaupt ist ohne Frage das Smartphone. Viele Menschen verbringen jeden Tag viele Stunden vor Ihrem Smartphone, obwohl sie dieses eigentlich überhaupt nicht weiterbringt und ihnen einzig und allein ihre Zeit klaut. Denn das Smartphone ist immer eine schöne Ablenkung, gerade die sozialen Netzwerke, in denen so viel Interessantes passiert, sind für einen sehr verlockend und sorgen dafür, dass wir viel

Zeit unnütz verschwenden. Das Smartphone kann man beispielsweise durch eine App kontrollieren lassen, welche dafür sorgt, dass man weniger Zeit an seinem Smartphone verbringt oder dieses seltener entsperrt und in die Hand nimmt. Und auch das Kaufen einer Armbanduhr, damit man nicht mehr so häufig auf die Uhr seines Smartphones schauen muss, ist eine Sache, die man auf jeden Fall tun sollte.

Das vierte Kapitel war nicht besonders lang, aber dennoch sehr wichtig. Denn in diesem Kapitel habe ich Ihnen gesagt, dass Sie sich selbst überwachen müssen. Warum müssen Sie dies nun tun? Nun, jeder Mensch hat einen sogenannten inneren Schweinehund. Dieser sorgt dafür, dass wir die Dinge tun, welche für uns am bequemsten sind. Aber nicht die Dinge, welche für uns am besten sind und uns auf lange Sicht wirklich weiterbringen. Man muss also lernen, sich selbst zu überwachen, damit man richtig und nicht falsch handelt und auf diese Art und Weise in seinem Leben wirklich weiterkommt. In diesem Kapitel habe ich Ihnen auch gesagt, dass Sie sich selber Druck aufbauen müssen. Studenten können beispielsweise dann am effektivsten arbeiten, wenn sie erst kurz vor dem Zeitpunkt, an dem sie die Hausaufgabe abgegeben haben müssen, überhaupt erst mit der Arbeit an dieser beginnen. Dies ist auf der einen Seite natürlich schlecht, aber tatsächlich auch sinnvoll. Nun kann man sich selber mit einer selbst gesetzten zeitlichen Frist Druck aufbauen, welcher dann ähnlich wie im Beispiel dafür sorgt, dass man effektiver und schneller arbeitet und auf diese Art schneller mit seinen Aufgaben fertig wird. Hiermit sollte man es allerdings auch nicht übertreiben, da zu viel Stress für die Gesundheit nicht gut bzw. schädlich ist. Aus diesem Grund sollte man sich zwar solche Fristen setzen, um keine Zeit zu verschwenden. Man sollte sich aber keine komplett unrealistische und nicht zu schaffenden Ziele setzen, welche dann letztendlich nur dazu führen, dass man sich selbst komplett überfordert fühlt und nicht mehr mit seiner Arbeit fertig werden kann. Hier hat man dann sein Ziel nämlich auch ganz klar verfehlt, auch wenn man effektiver arbeitet. Denn ein Vorteil durch besseres Zeitmanagement ist auch, dass sich die eigene Gesundheit durch dieses verbessert. Wenn man sich aber nun ständig künstlich Stress macht, dann ist sogar das genaue Gegenteil der Fall.

Auch das fünfte Kapitel war meiner Meinung nach sehr wichtig. Sie bemerken schon – eigentlich sind fast alle Kapitel meiner Meinung nach aus irgendeinem Grund besonders wichtig. Wobei das fünfte Kapitel mit seinem Thema Routinen wirklich bedeutsam ist, denn Routinen sind wohl das Wichtigste, wenn es darum geht sich selbst zu verbessern, seine Zeit effektiver zu nutzen und sein Leben erfolgreicher zu gestalten. Routinen gibt es sowohl in einer positiven, als auch in einer negativen Form. Negative Routinen sind beispielsweise das schon erwähnte späte Aufstehen dadurch, dass man die Snooze Funktion seines Weckers nutzt. Routinen sind relativ schwer zu durchbrechen, die von mir vorgeschlagene Form, den Wecker auf die andere Seite des Raumes zu stellen und dementsprechend gezwungenermaßen aufstehen zu müssen, ist auf jeden Fall eine sehr radikale Methode. Aber sie funktioniert auch ausgezeichnet, außer man bekommt hierdurch Probleme mit seinem Kreislauf. Andere Angewohnheiten bzw. Routinen sind positiv. Hierzu gehört beispielsweise, dass man regelmäßig Sport macht. Auch Sport zu treiben ist erst einmal anstrengend, gerade wenn man hiermit beginnt und sich dazu zwingen muss, Sport zu machen. Jedes Mal aufs Neue. Wenn man aber eine Routine aufgebaut hat, sich also daran gewöhnt hat, regelmäßig Sport zu machen, ist es überhaupt nichts Besonderes mehr, sondern ganz normal. Man wird also überhaupt keine Probleme damit haben, regelmäßig Sport zu treiben. Tatsächlich ist es so, dass man, wenn man sich Routinen aufgebaut hat, das Leben wesentlich leichter macht. Die Tatsache, dass neue Dinge wie regelmäßiger Sport irgendwann zu einer Angewohnheit werden, ist auch ein großer Trost. Denn dies bedeutet, dass man, wenn man es einmal geschafft hat mit dem Sport anzufangen, sich nur durch die erste Zeit quälen muss, und dann keine Probleme mehr haben wird. Wenn man es schafft eine Reihe von guten Routinen aufzubauen, wird man es danach wesentlich leichter haben, die richtigen Dinge zu tun, die einen sowohl im privaten als auch im beruflichen Leben erfolgreich bringen können. Und wenn man schlechte Routinen los wird, dann gelingen Dinge, wie das Abnehmen, plötzlich wesentlich leichter und man kann sein Gewicht auch halten, wenn man sich daran gewöhnt hat, nicht mehr so oft zu essen und sich auch gesundes Essen zu kochen.

Im sechsten Kapitel ging es um das Setzen der richtigen Prioritäten. Denn dies ist ebenfalls sehr wichtig, wenn man effektiv arbeiten möchte. Jeder Mensch hat jeden Tag Aufgaben, welche es zu erledigen gilt. Diese Aufgabe können entweder besonders wichtig oder auch besonders eilig sein, oder auch besonders schnell zu erledigen. Anhand dieser Kriterien sortiert man nun die Aufgaben, welche man jeden Tag zu erledigen hat. Wichtig hierbei ist, dass man die meiste Zeit auf die wirklich wichtigen Aufgaben setzt, um diese richtig gut zu machen und eher weniger wichtige Aufgaben vielleicht auch mal weniger genau erledigt, um mehr Zeit für die wichtigen Aufgaben zu haben. Nach den unterschiedlichen Kriterien sortiert man nun die einzelnen Aufgaben. Sehr unwichtig wäre beispielsweise eine Aufgabe, welche unwichtig ist, zeitlich nicht dringend und auch noch sehr langwierig. Eine solche Aufgabe sollte man ganz ans Ende der Planung setzen. Wichtig wiederum sind Aufgaben, welche zeitlich dringend sind, wichtig und sich zugleich auch in kurzer Zeit erledigen lassen. Solche Aufgaben sollte man morgens zuerst erledigen, da man zu diesem Zeitpunkt zumeist sehr konzentriert arbeiten kann, weil man durch die Arbeit noch nicht erschöpft, sondern durch den Schlaf noch sehr ausgeruht ist. Die einzelnen Aufgaben, die jeden Tag anstehen, gilt es nach diesem Prinzip zu sortieren, um auf diese Art die Aufgaben über den Tag hinweg zu verteilen. Wenn man dies schafft, dann wird man wesentlich erfolgreicher sein als vorher und einen sehr wichtigen Teil des Zeitmanagements abgearbeitet haben.

Das siebte Kapitel drehte sich dann rund um die Frage der Selbstmotivation. Es handelte sich um eines der kürzesten Kapitel dieses Buches, was aber nicht bedeutet, dass es unwichtig war. Denn sich selber zu motivieren ist sehr wichtig, wenn man erfolgreich arbeiten und seine Zeit richtig nutzen will. Denn wenn man zu einer Sache nicht richtig motiviert ist, dann kann man diese Sache auch nicht richtig und nicht effektiv machen. Wenn man nicht weiß, wieso man eine Aufgabe macht, dann wird einem auch nicht so viel daran liegen, dass man diese schnell und gut erledigt. Es hilft, wenn man sich sowohl die kurzfristigen als auch die langfristigen Folgen seiner Handlungen vorstellt. Und wenn man sich die Dinge, welche durch diese oder jene Sachen passieren werden, besonders genau vor dem inneren Auge vorstellt. Ein Beispiel hierfür: Wenn man auf seiner Arbeit effektiver sein will, dann muss man auch wissen, warum man dies tut. Beispielsweise deswegen, weil man schneller Karriere machen oder mehr Zeit haben will für andere Dinge als die Arbeit. Oder das Beispiel Sport: Sport treibt man deswegen, damit man sich später besser fühlt, und damit einem der gesamte Alltag leichter von der Hand geht. Auch dafür, dass man gesund bleibt, und auch mit dem Äußeren hat Sport viel zu tun. Nun soll man sich nicht nur denken, dass man Sport treibt, damit einem der Alltag leichter von der Hand geht. Sondern man soll sich ganz konkret vorstellen, wie es sein wird, wenn man beispielsweise durch den Sport keine Rückenschmerzen mehr hat oder Ähnliches. Je genauer man sich die positiven Folgen einer Handlung vorstellt, desto besser ist dies für die Motivation. Und diese braucht man auch dann, wenn man neue Routinen aufbauen möchte. Denn der schwierige Anfang lässt sich nur überwinden, wenn man hierzu motiviert genug ist.

Im achten Kapitel ging es um die Struktur des Tages. Man muss jeden Tag wissen, was für Aufgaben man an diesem Tag hat. Und in welcher Reihenfolge man diese abarbeiten will. Auch andere Dinge sollte man in seinen

Tagesplan einbringen, beispielsweise Dinge, welche nachmittags nach der Arbeit zu erledigen sind, wie der Einkauf. Dieser unterscheidet sich etwas von anderen Aufgaben, da es sich beim Einkauf um eine Tätigkeit handelt, die einfach ohne Frage gemacht werden muss und auch nicht besonders anstrengend ist. Also komplett losgelöst von den anderen Aufgaben, die man in der richtigen Reihenfolge sortieren muss, behandelt werden kann. Die Kunst der ganzen Sache ist letztendlich, dass man einen genauen Tagesplan erstellt, allerdings auch keinen zu genauen. Denn wenn man sich für viele Dinge zu wenig Zeit lässt, dann wird man schnell unter Stress gesetzt, wenn man doch länger Zeit braucht, was bei einer sehr eng geschätzten Zeitplanung nun einmal auch sehr wahrscheinlich ist. Genauso sieht es dann aus, wenn unvorhergesehene Dinge eintreffen, welche einem den ganzen Plan durcheinanderbringen, wenn man diesen zu genau strukturiert. Wie lange man für seine einzelnen Aufgaben braucht, kann man so oder so nie ganz genau einschätzen, sodass man auch hierfür keine so genaue Zeitplanung ansetzen sollte, da man seine Aufgaben fertigbekommen und erst dann eine Pause machen soll, vorausgesetzt diese Aufgaben dauern nicht viel zu lange. Wichtig ist letztendlich vor allem, dass man dranbleibt und sich wirklich jeden Abend einen Plan für den nächsten Tag erstellt, welcher einen dann durch den Tag begleitet und dafür sorgt, dass man seine Zeit im Sinne des Zeitmanagements richtig nutzt und keine Zeit mit Dingen verschwendet, welche eher weniger wichtig sind. Denn das machen wir viel zu viel, vor allem wenn wir nicht genau wissen, was wir als Nächstes zu tun haben.

Im neunten Kapitel drehte sich alles um die Frage der Konzentration. Dieses Kapitel würde ich tatsächlich als das wichtigste Kapitel im gesamten Buch einschätzen. Denn wenn man sich nicht richtig konzentrieren kann bzw. nicht konzentriert arbeitet, dann helfen einem alle anderen Tipps in diesem Buch auch nichts mehr. Wenn man schnell und gut arbeiten will, dann muss man sich auch auf seine Arbeit konzentrieren. Im Kapitel hatte ich einige Techniken genannt, mit denen man seine Konzentration verbessern kann. Hierzu gehört die Meditation. Aber auch viele andere Übungen helfen bei der Konzentration. Die beste hiervon ist meiner Meinung nach das Lesen von Büchern. Dabei handelt es sich hierbei um gar keine richtige Übung, da man sich beim Lesen nicht zwingen muss, sich zu konzentrieren. Es passiert einfach ganz von alleine, wenn man sich in ein Buch richtig vertieft. Eine bessere und zugleich einfachere Übung für die Konzentration gibt es deshalb meiner Meinung nach überhaupt nicht. Wichtig ist nur, dass man sich auch für das Thema des Buches interessiert. Dann kann man auch noch sehr viele Sachen durch das Lesen erfahren und neue Dinge dazulernen, so wie es beispielsweise auch bei diesem Buch der Fall ist, wobei es sich bei diesem Buch doch um ein spezielles Buch handelt. Abenteuerbücher oder Romane sind letztendlich die Bücher, auf die sich die meisten Menschen am besten konzentrieren können. Jedoch lernt man beim Lesen dieser Bücher auch nichts, was einem in seinem Lesen weiterbringt und einem hilft, die Welt um einen herum besser zu verstehen. Deshalb ist es besser, wenn man sich Bücher über andere wichtigere Themen sucht, welche einen dann allerdings auch interessieren müssen, damit man sich nicht zwingen muss sich auf diese zu konzentrieren.

Im letzten und zehnten Kapitel habe ich dann zum Abschluss dieses Buches vor der Zusammenfassung einige Methoden zum Zeitmanagement und zur Selbstorganisation vorgestellt, welche meiner Meinung nach sinnvoll sind. Hierbei handelte es sich um ganz verschiedene Methoden, welche zum Teil gut sind und zum Teil weniger gut. Manche Methoden und Tipps habe ich nahezu komplett abgelehnt, und sie nur in ganz bestimmten Situationen als sinnvoll anerkannt. Andere Methoden wiederum fand ich sehr gut und ich würde mehr oder weniger jedem Menschen empfehlen sie anzuwenden, wenn auch eventuell etwas abgeändert. Beispielsweise waren für mich die Methoden, welche sich mit der Einteilung der Zeit beschäftigt haben, sinnvoll. Aber sie sollen eigentlich nur eine Erinnerung daran sein, dass man ausreichend Pausen macht, eine genaue Einteilung beispielsweise wie bei der 60-60-30 Methode lehne ich ab. Denn man sollte seine Pausen eher frei einteilen, damit sie auch wirklich effektiv sind. Die 10-10-10 Methode sehe ich als sinnvoll an, auch sie aber nur in einer stark abgeänderten Form. Denn tatsächlich ist es sinnvoll, wenn man bei seinen Handlungen, gerade bei besonders wichtigen Handlungen, auch an die langfristigen Folgen dieser denkt. Aber man sollte dies nur bei sehr wenigen, sehr wichtigen möglichen Entscheidungen tun, und auch nicht in der genannten Form. Denn genau an die Folgen in 10 Tagen, 10 Monaten und 10 Jahre zu denken ist nicht sinnvoll. Vielmehr sollte man einfach nur an die kurzfristigen und dann an die langfristigen Folgen seiner

Handlungen denken, ohne eine Einteilung in drei Kategorien und auch ohne genaue Zeitangaben. Anders als bei anderen Dingen ist es hier dann nicht mehr sinnvoll, wenn man eine ganz genaue Angabe macht.

So, an dieser Stelle bin auch dann auch mit der Zusammenfassung fertig. Diese ist nun relativ lang geworden, ich halte sie aber für sehr sinnvoll, damit Sie sich am Ende des Buches noch einmal all die Dinge, die in diesem Buch vorgekommen sind, in Erinnerung rufen können. Denn ansonsten hätten Sie einen Teil des Buches bestimmt schon wieder vergessen, da es sich ja auch nicht um ein besonders kurzes Buch handelt, sondern um ein relativ langes mit sehr vielen wichtigen Informationen. Dennoch hoffe ich, dass Ihnen das Buch gefallen hat und Ihnen alle Informationen, die ich Ihnen in diesem Werk genannt habe, weitergeholfen haben. Nun ist mit dem Ende dieses Buches meine Arbeit getan. Sie sind nun an der Reihe, die vielen Dinge, die ich in hier genannt habe, umzusetzen. Auch hierbei gilt, dass Sie nicht sofort alles über den Haufen werfen sollten und in kürzester Zeit versuchen, alle Dinge, die ich in diesem Buch genannt habe, umzusetzen. Versuchen Sie lieber mit der Zeit immer mehr dieser Dinge in Ihren Alltag einzubauen und so lange mit neuen Dingen zu warten, bis Sie sich an die alten gewöhnt und somit eine neue Routine für diese Dinge aufgebaut haben. Wenn Sie sich überfordern, hat dies auch keinen Sinn und führt ganz sicher nicht dazu, dass Sie mit Ihrer Umgewöhnung erfolgreich sind. Ein sinnvoller Start wäre beispielsweise damit gefunden, dass Sie sich alle Aufgaben, die Sie an einem Tag haben aufschreiben und bereits heute oder morgen Abend einen Zettel schreiben, auf dem Sie die

Aufgaben für den nächsten Tag in einer sinnvollen Reihenfolge aufgeschrieben haben. Auch sollten Sie versuchen, bereits morgen zu beachten, dass Sie konzentriert arbeiten, und sich nach Möglichkeit nicht ablenken lassen. Auf das regelmäßige Einlegen von Pausen sollten Sie ebenfalls schon morgen achten.

Ich wünsche Ihnen nun, dass Sie bei der Umsetzung der in diesem Buch genannten Tipps erfolgreich sind, und dass Sie möglichst schnell positive Erfolge in Ihrem Alltag verspüren. Aber verzagen Sie auch nicht, wenn nicht sofort positive Auswirkungen zu spüren sind, denn es dauert einfach eine gewisse Zeit bis die in diesem Buch genannt Tipps Ihre volle Wirkung erreichen. Viel Spaß dabei!

Impressum

ISBN (Hardcover):	978-3-96583-092-9
ISBN (Softcover):	978-3-96583-091-2
ISBN (Softcover Amazon):	**978-3-96583-089-9**
ISBN (E-Book):	978-3-96583-090-5

© 2019

Cherry Media GmbH
Bräugasse 9
94469 Deggendorf
Deutschland

E-Mail: info@cherrymedia.de

Druck: Gedruckt von Amazon Inc. Oder einer Tochtergesellschaft

Dieses Werk ist, einschließlich aller seiner Teile, urheberrechtlich geschützt. Jede Verwertung außerhalb der engen Grenzen des Urheberrechtsgesetzes ist ohne Zustimmung des Verlages unzulässig und strafbar. Dies gilt insbesondere für Vervielfältigungen, Übersetzungen und die öffentliche Zugänglichmachung.